●本の未来を考える＝出版メディアパル No.28

表現の自由と出版規制

ドキュメント「時の政権と出版メディアの攻防」

山 了吉 著

SMP mediapal
出版メディアパル

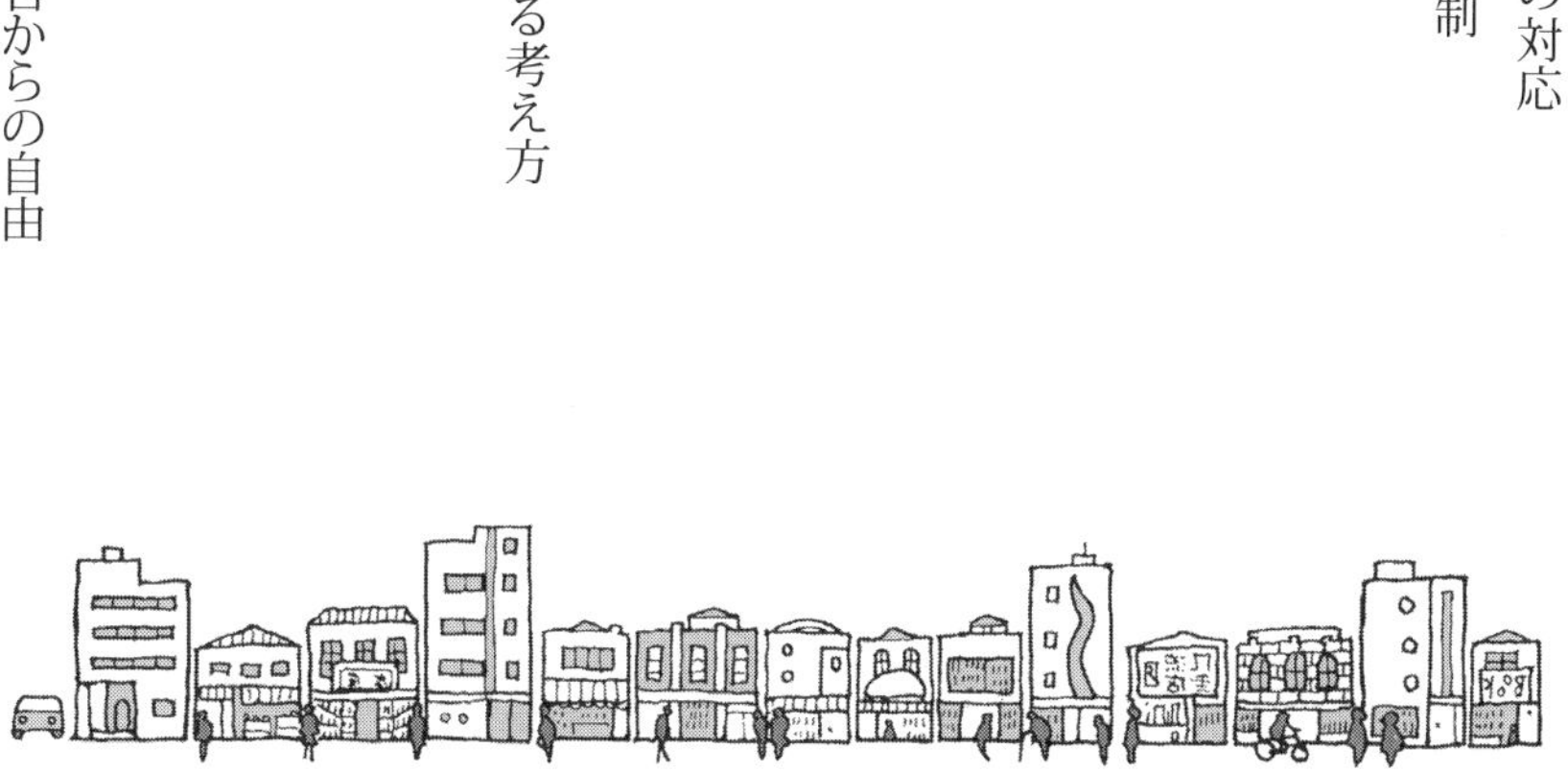

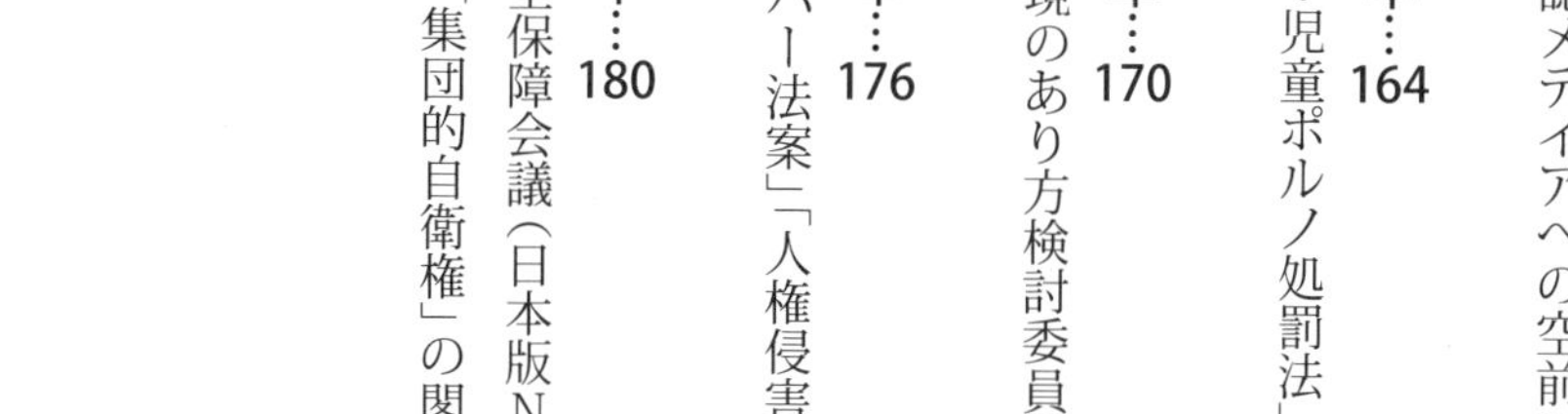

● はしがき

2015年を戦争へのターニングポイントにさせないために

はじめにこの本の内容、構成をざっくばらんに記しておきたい。

この本は私が出版人の一員として、約15年間に経験してきた「時の政権と出版メディアの攻防」のドキュメント（記録）である。

１９９８年7月、橋本政権が参議院選挙の大敗北で崩壊し小渕政権が誕生、次いで、森、小泉、安倍、福田、麻生と続き約3年に渡る民主党政権を経て、また安倍政権に引き継がれて今日に至っている。その過程で「政権と出版メディア」の関係において、何があって、それが今日どうなっているかの記録でもある。

一例を具体的に示せば、２００３年、「個人情報保護法」の成立過程で、法律の「適用除外規定条項」から「出版」は外されてしまった。新聞、放送、通信、作家、ライターによる取材・表現は認められたのに、憲法21条に明記されている「出版」という業種は除外されてしまったのである。出版、特に雑誌報道への根深い不信が与党内にあったことを、後日、政府関係者から耳にした。

また２００７年5月には、憲法改正の手続き法である、「憲法改正国民投票法案」が審議された。審議のポイントのひとつ、「メディアは、憲法改正に賛成か反対かの記事掲載をしてはならない」とした条項が、新聞、放送、通信、出版などの全メディアによる総反対で、削除されたが、公務員の選挙活動禁止条項や投票年齢問題などを、先送りにしたまま、第一

次安倍内閣で強行採決された。この法律は、２０１４年に再度、採決されたが、それは、先送りされていた「国民投票の年齢」規定を18歳に決めることが主要なテーマであった。このふたつのケースのように、メディアと政治、立法府、行政機関が関わる問題は、常に論議の的となってきた。先述の「個人情報保護法」は、いわゆる〝メディア規制三法案〟のひとつで、この法律のみが成立施行された。他の法案「人権擁護法案」と「青少年有害社会環境対策基本法」は、政権内部や野党の反対もあり、国会上程さえされてはいない。しかし、今でも法案内容に手を入れ、名称を変えて検討されている。法案の名称からわかるように、当然メディア、それも出版・雑誌分野が大きな対象となっている法案である。

　このほかには「裁判員法」「児童買春・児童ポルノ処罰法」「特定秘密保護法」などなど、この間の立法府・国会で審議された、あるいはされる予定の法案は多く、出版活動には特に厳しい内容である。出版・雑誌分野は、メディアとしての存在は新聞やテレビ、通信、ネットなどよりもはるかに小さいが、その影響力は、多大で、しかもスキャンダラスな情報が多く、時としては政権の基盤、屋台骨さえ揺るがしかねない。だからこそ、あの手この手で、未然に防ぐ手立てが図られるともいえよう。

　言うまでもないことだが、「言論・出版、その他一切の表現の自由」は現行の憲法によって保障されている。しかし、この自由は、そのときどきに、様々な風雪に晒《さら》される。この約15年間を辿るだけでもそれがよくわかる。

　また、本書の構成は、時系列的にその時々の法案や司法、行政の打ち出してくる厳しいテー

マを掲げ、それに対する出版の立場からの見解や反論を掲載する形式にしている。

第1章では、2013年後半から2015年に渡るメディア規制の動きを追っている。特に、「児童ポルノ法改正」「特定秘密保護法」を中心に展開している。

第2章では、私が関わってきた約15年間のメディア規制への対応ドキュメントといえるもので、2000年前後の動向から2013年までの見解である。「メディア規制三法」への対応がメインだが、「裁判員法案」「憲法改正国民投票法案」や司法による「高額賠償訴訟」などにも言及している。ただしここでお断りしておかなければならないことがある。その時々の雑誌や新聞などへの見解表明なので、重複や繰り返しの文章が出てくる。そこはどうかご容赦願いたい。繰り返し出てくる表現には、何度も強調しておきたい想いが募っていると、ご理解いただければありがたい。

第3章は、私が所属していた一般社団法人日本雑誌協会の「編集倫理委員会」という雑誌の表現と倫理を検討する委員会の記録である。委員長として務めた10年間のまとめともいえるもので、特に、出版・雑誌の表現と倫理の有り様が年ごとにそのまま記されている。2004年~2013年までの編集倫理委員会の歩みが、メディア規制への対応につながっていた事を示す記録でもある。これも第1章、第2章の文章との重複があることをお断りしておきたい。

その時々の、生々しい出版・雑誌への規制と、それに対する抵抗を感じ取って読んでいただければ幸いである。

第1章

表現の自由を規制する法律の正体

本章の内容

第二次安倍政権が誕生して3年目に入った。通常国会での目標に掲げられている「経済再生」「地方創生」などとともに、政権の主眼である「戦後レジームからの脱却」に関しては、その関連法案が続々と立ち上げられることになる。

年初の動向からみて、外交、防衛法案に主眼が置かれるであろう。すなわち、日本版NSC（国家安全保障会議）法に沿って、「特定秘密保護法」の施行規定、「集団的自衛権発動関連法案」などが想定される。ここでは、安倍政権下、すでに進められてきたメディア規制がらみの法案を取り上げて、その問題点を摘出している。「特定秘密保護法」「児童買春・児童ポルノ処罰（禁止）法改正」などは、雑誌メディアへの制限規定は、法案に内蔵されたまま可決している。

「表現・出版規制に関わる年表」は、1998年～2015年まで約18年間の動きである。2015年は定かではないが、時々の政権がいかにメディア規制に関わってきたか、「個人情報保護法」や「裁判員法」「青少年健全育成条例改正」など、各章で論ずるテーマと年代の繋がりがわかるオリジナル年表になっている。

戦後70年、安倍政権は「戦後」の何から「脱却を図り」どこへ行くのか？

まさに衝撃的な年の初めであった。特に、言論・ジャーナリズムは、〝これが世界の現実だ〟と、胸元に突きつけられた。フランスの週刊紙の編集会議を襲い、記者や編集長、挿絵画家など言論人を皆殺しにする、あるいは〝イスラム国〟が日本人ジャーナリストを戦場から誘拐し、人質として虐待、殺戮する。

２０１５年は、世界中で、メディアの態様が注視されている。

まさに何が真実か、「表現の自由」と「信仰の自由・宗教の教え」は矛盾しないか、戦場での取材行為は守られるべきではないか、等々問われる課題は多く、重い。

翻って、日本の現状はといえば、昨年の暮れの「総選挙」で、勝利した与党、自民党と公明党による政策が着々と実現している。沖縄では、知事選挙結果の民意は全く尊重されず、辺野古移設が進められている。昨年末の選挙の折には、在京テレビ各局への自民党からの文書「選挙時期における報道の公平中立ならびに公正の確保についてのお願い」がメディアで問題視された。衆議院解散、選挙直前に、短期決戦の衆議院選挙における具体的指針まで上げている。

同文書では、以下のように記す。

・出演者の発言回数及び時間等・ゲスト出

演者等の選定・テーマについて特定の立場から特定政党出演者への意見の集中・街頭インタビュー、資料映像等で一方的な意見に偏る、あるいは特定の立場が強調される――等について特段のご配慮をいただきたく、お願い申し上げる。

政治権力を握っている与党勢力が、放送局にここまで具体的に指示をする、驚くべき事態だが、再三再四繰り返される言葉、「公平中立・公正」には、半ば権力による管理コントロール、メディア支配システムのような不気味な威圧を感じ取ってしまう。さらには、お笑いコンビ「爆笑問題」が正月のＮＨＫのお笑い番組に出演した際、事前に用意した政治家ネタを局側から没にされていたことを告白している。「全部没にされた」「自粛であって、政治的圧力はないといわれた」と明かしている。ＮＨＫの籾井会長は定例の会見で、この問題は、「政治家個人に対する打撃を与えるもので、品がない」とまで、言い切っている。

戦後70年、ここまで民主主義を育ててきた平和国家の中で、権力の支配システムは、お笑いをコントロールするところまでも浸透しつつあるのか？　戦時体制下の〝イスラム国〟による対日宣戦布告的な声明に対して、「集団的自衛権」の新たな設定に沿った安全保障法制、「憲法改正」へ踏み出す日程が決められつつある。さらには、「戦後レジームからの脱却」*、そのための布石は、まずメディア・コントロール。つまり政権与党が発する「公平中立・公正」の〝縛り〟、政権批判の抑制へと、不安は拡がる。

＊戦後レジームからの脱却
アンシャン・レジームの
レジームで、体制、政権、
枠組みの意味。１７８９年
のフランス革命以前の旧体
制、つまり封建王制の下の
政治、社会制度を指す。そ
の意味からすると、戦後の
平和憲法下の民主主義社会
制度、主権在民、戦力放棄、
基本的人権謳歌の考え方や
システムからの脱却＝逃れ
でることを指す。（17ペー
ジ〈コラム〉日本国憲法と
自民党・憲法改正草案の大
落差を参照。）

戦争のできる国に変える「特定秘密保護法」の正体

＊初出誌　『出版ニュース』２０１３年11月中旬号

メルケル首相の携帯電話の盗聴

戦後の日本とドイツ―第二次世界大戦の敗戦国として、戦後の歩みはあまりにも異なるが、ここに来て両国ともに重大な変化が起こっている。

ドイツのメルケル首相の携帯電話が、こともあろうに同盟国・米国のＮＳＡ＊（国家安全保障局）によって盗聴されている疑惑が浮上したのだ。「友人をスパイするのは受け入れられない」とメルケル首相は怒りあらわに批判、フランスのオランド大統領も「欧米の信頼関係は崩れた」とまで言い切っている。

米国の盗聴は、メキシコやブラジルでも明らかになっている。元ＣＩＡ（米国中央情報局）のスノーデン氏が持ち出した極秘ファイルにメルケル首相の電話番号が掲載されていたようだ。

＊米国のＮＳＡ（国家安全保障局）　米国・国防総省（ペンタゴン）の情報収集のための機関。

また現在ドイツでは、アフガン帰還兵士のＰＴＳＤ（心的外傷ストレス症候群）が大きな社会問題化している。毎年２５００人以上の兵士をアフガニスタンに送り込み、前線でアルカイーダと闘い、戦死者も50数名にのぼるという。ＮＡＴＯ（北大西洋条約機構）軍の主力部隊としての役割に国内外から疑問が大きくなり、縮小、撤退が決定している。

このようなドイツの事情からなぜ書き出したかというと、日本の「特定秘密保護法」の13年国会での拙速な審議状況とドイツの置かれている現状が密接に関わってくるからだ。それは、日本とドイツが同盟国・米国によって、欧州とアジアの違いはあるが、同じようなポジションを取らされていることに起因する。東西冷戦以後、欧州ではワルシャワ条約機構に対抗してNATO軍体制がとられ、東西ドイツが統一された1990年からは、統一ドイツ軍として、NATO軍の主力となっている。ドイツ軍は先の大戦の教訓から「防衛」のための軍隊だったはずが、国際情勢の変化に応じて、アフリカや西アジアへの海外派兵も行われるようになってきた。

ここに来てアフガニスタン派兵での帰還兵の〝心の傷〟が社会問題化している最中、メルケル首相への米国NSAによる盗聴疑惑の発生である。

日本版NSC（国家安全保障会議）とスパイ活動

折しも日本では、国会で日本版NSC（国家安全保障会議）設置法案と「特定秘密保護法案」の審議が始まった。日本のNSCは、米国のNSC*、NSAをいわば〝手本〟にした設置法案である。自衛隊の一佐、二佐クラスの幹部を10名ほど参加させた総勢60名ほどの組織の立ち上げが構想されている。安全保障のための

*米国のNSC
米国・国家安全保障会議。外交と軍事政策の統合、つまり国防政策について大統領に助言する。NSAは、その情報収集のための組織。

防諜（スパイ）工作もできる組織である。安倍政権が是が非でも強行しようとするこの二つの法案は、軍事・外交・テロ・スパイなどの情報を米国と共有することが主眼である。これらの法案を成立させることによって、憲法9条の「専守防衛」の解釈を「集団的自衛権」に変えて、同盟国・米国と共に闘える「国防軍」、つまり防衛の戦争から共同して攻撃できる戦争の国へ、日本を変えるということになる。米国との安全保障に関わるあらゆる機密情報の共有こそが、「集団的自衛権」行使の大前提とされるからだ。

日米間にはすでに「日米相互防衛援助協定」*（MSA協定）が設けられている。むろん、自衛隊法の防衛秘密の保護規定や国家公務員法でも秘密保持義務条項は設けられている。しかし、あえて、このような新法をつくる主目的は、軍事（安全保障）がらみの諜報活動のためではないだろうか。戦後、平和憲法の下、主権在民を貫き、憲法で戦力放棄を宣言した国家は日本以外にはほとんど見当たらない。外交上の秘密はあるかも知れないが、軍事機密やスパイ取り締まりはこの国には似つかわしくない、憲法の理念からは必要ないとされてきた。ところが、東西冷戦後のアジアの勢力図が、中国の台頭で大きく変化した。ロシア、中国、北朝鮮などに接している日本が、いつでも「集団的自衛権」を行使できる国になることは、米国にとってはいまや至上命題ともいえる。この法律を手がけたのが、内閣情報調査室というのも、内閣情報調査室、公安調査庁、公安警察（警視庁公

*「日米相互防衛援助協定」（MSA協定）
1954年3月調印。米国による日本への軍事援助を定める。その一方で日本も基地の供与、軍事顧問団の受け入れ、秘密保護の義務を果たす。また日本自らも自衛のための戦力保持を定める自衛隊法を制定する。

安部、道府県警察本部等）などの情報収集、管理、監視の一元化を考えたものとも捉えられよう。

戦前の〝言論封殺法〟を想起

ここで問題の「特定秘密保護法案」のポイントに触れておこう。この法案、先述したように「米国からの強い要請」があると書いたが、「日本では米国からの情報がメディアにダダ漏れになる」という米国側の指摘も大きい。「特定秘密」に接することのできる公務員等の審査基準の厳しさ（個人情報から家庭環境まで調査される）、漏らせば殺人罪をも上回る懲役刑10年など、厳罰を科す理由は〝一切漏れないように公務員を縛る〟仕組みそのものに他ならない。森まさこ大臣が、沖縄密約の「西山事件*」をメディアの違法な取材と見なしていることも、取材・報道活動への縛りと取れる。「知る権利」「取材・報道の自由」（同法21条2項）は、確かに明記されたが、「著しく不当な方法による取材、（情報収集）行為」とは、何を指し、どこまでの行為か、解釈、運用次第の条項といえよう。さらには、行政の長が指定できる「特定秘密」をチェックする機構に関しては、「すぐれた識見を有する者の意見を聴かなければならない」（同法18条2項）と定められているが、これでは、とても第三者機関とはいえない。安倍首相の私的諮問会議「安保法制懇」の有識者のように、決して反対しない〝同好の士〟を有識者メンバーとするケー

＊「西山事件」
外務省機密漏洩事件、沖縄密約事件とも呼ばれる。1971年の沖縄返還協定にからみ、取材上知り得た日米密約情報を国会議員に流したとされる、毎日新聞社政治部の西山太吉記者らが、国家公務員法違反で有罪とされた事件。

スさえありうる。まして、「特定秘密」に接する第三者を選定することはまず考えられない。

このように見てくると、国会での政府自民党の狙いは、「特定秘密保護法」と「日本版NSC設置法」を備え、日米の軍事同盟を盤石にし、「集団的自衛権」の行使ができる体制を敷くことにある。しかしこのことは結果として、戦後70年近く続いてきた平和憲法国家・日本の形態を根底から覆すことにつながる。

日本を取り巻く国際情勢が大きく変化する現在、果たして、欧州における現在のドイツのような役割を日本も担っていくのか？　この国の進むべき道が、周辺国との戦争につながる軍事的な緊張を孕まないか？

戦前の言論封殺の法制度を辿ると、思想・言論弾圧の代表的な法律の「治安維持法*」、日中戦争中に厳罰化された「軍機保護法」、1941年12月日米開戦の9ヶ月前に、だめ押しのように施行された「国防保安法」、開戦直後に公布された「新聞事業令」そして「言論、出版、集会、結社等取締法」などなど。国家が国民や言論、集会などを規制する法律を次々に打ち出す時、国はどこに行こうとしているのか？

気がついたときは手遅れである。

日本の明日を左右する重大な法律が今決められようとしている。

＊治安維持法

1925年（大正14年4月）に制定。1941年（昭和16年）3月10日に全面改正された法律。国体（天皇制）や私有財産制を否定する運動を取り締まることを目的として制定。特に共産主義革命運動の激化を抑制するためとされたが、自由主義者、宗教団体や右翼活動など、政府批判は、すべて弾圧の対象となった。

〈コラム〉 日本国憲法と自民党・憲法改正草案の大落差

日本雑誌協会の雑誌編集倫理綱領は、「言論・報道の自由」を雑誌編集者の基本的権利とし、憲法は尊重されなければならないと明記している。

自民党が2012年4月に出した「日本国憲法改正草案」は、05年の「新憲法草案」とは全く違う内容である。天皇を象徴から元首に、「自衛軍」を「国防軍」に変え、「国歌・国旗」や「緊急事態」の規定も付け加えている。驚いたのは、憲法13条の「個人」を「人」に置き換え、「公共の福祉」を「公益性及び公の秩序」と規定変えし、これを害するものは一切認めないといっている。「集会、結社及び言論、出版などの自由」を保障した憲法21条の条文も、「公益及び公の秩序を害する」活動や報道は認めないと変えている。さらに、憲法97条の「基本的人権」の永久不可侵の規定を削除したことも大きな問題である。

改憲草案の根本的間違いは“国民があって国がある”のではなくて、“国があって国民がある”というかつての「国家主義」のようなものである。大日本帝国憲法と類似した、国家主義的な思想である。

戦前、日本が大日本帝国憲法のもとで、国家が暴走し帝国主義的な侵略戦争に突き進み、国民を戦地に赴かせて諸外国に筆舌に尽くしがたい害を及ぼした。今の憲法はその反省の上に立ってつくられたものなのである。1947年に施行された「日本国憲法」と、48年に国連総会で採択された「世界人権宣言」は、人類史的にものすごく大きな価値があると思われる。第2次世界大戦で人類が犯した大きな過ち、数千万人に及ぶ犠牲を払った反省が、世界人権宣言に盛り込まれたのである。すべて人は人種や肌の色、性、宗教などの違いを超えて一切が平等で人権は同じだという、崇高な内容である。世界人権宣言を先取りした形で、日本国憲法は、男女の平等、勤労の価値、教育を受ける権利、思想信条の自由などを明記しているのである。

私たち出版人は、戦時中に治安維持法違反容疑のでっちあげ事件で雑誌『改造』や『中央公論』の編集者らが捕まり、特高警察の拷問などで5人が犠牲になった横浜事件を忘れない。遺族らが戦後、無実と名誉回復の訴訟を起こしたが、既に法律がないからと免訴判決が下された。憲法を変えれば、法の運用次第で、横浜事件の類の国家犯罪が再び起こりかねないとさえ懸念している。

緊急動議！

「児童ポルノ禁止法」改正は「出版・表現の自由」を侵害しないのか？

――「児童ポルノの単純所持」も罰する法改正が出版界に及ぼす重大な影響と懸念

*初出誌 『出版ニュース』2014年7月中旬号

児童ポルノ単純所持とは何か

法施行から十五年、とうとう最も怖れていた「単純所持」規制法案が成立した。「単純所持」で罪に問われることといえば、まず想起されるのは銃刀類、あるいは麻薬、覚醒剤など、社会の安全に関わり、誰の目にも明々白々なもの。誰が見ても「そのものずばりの児童ポルノ」、児童を性的に虐待してその人権を踏みにじる行為は許されない犯罪である。しかし今回成立した「児童ポルノ禁止法*」改正の「児童ポルノの定義」――つまり何をもって「児童ポルノ」とみなすのか？　その定義が、いかようにも解釈できるのである。これは従前から〝三号ポルノ〟（定義の3の三項に記されていたことから）と称されていたもので、「衣服の全部又は一部を着けない児童の姿態であって，性欲を興奮させ又は刺激するもの」と定義されていた。しかしこれでは十八歳未満の水着のモデルやタレントのグラビア写真でも〝児童ポルノ〟にされかねない。さらには解釈次第では、人気の幼児タ

*児童ポルノ禁止法　正式名称を「児童買春、児童ポルノに係る行為等の規制及び処罰並びに児童の保護等に関する法律」（平成11年5月26日施行）のこと。児童に対する性的搾取及び性的虐待が児童の権利

レントの姿態、古くは「おさな妻」（女優・関根恵子の15歳の裸体）などに適用されかねないとまで指摘されていた。そこで今回の改正法ではこの〝三号ポルノ〟条項に「—殊更に児童の性的な部位（性器等若しくはその周辺部、臀部又は胸部をいう）が露出され又は強調されているもの—」と、但し書きを付け加えた修正がなされた。しかしこれで定義は、厳密に規定できるというのだろうか？

手元に最近発売された『週刊プレイボーイ』誌がある。そのグラビアページには「僕のクラス委員長は超ボイン」と題した16歳アイドルの水着写真が胸元を強調したポーズで載っている。次のページには制服から下着が覗く写真や別バージョンの胸が見えそうなカットも掲載されている。これらのグラビア写真を、改正された「児童ポルノ禁止法」の定義に当てはめてみると、16歳は児童で、しかも水着、その上、性的な部位とされる胸部を殊更強調しているのである。まさに改正〝三号ポルノ〟の定義に当てはまる可能性は大であろう。ただしこの16歳アイドルは、性被害児童には当たらないし、まして保護対象児童でもない。

もう一つ書籍がある。ベストセラーとして普及版が出された小学館の『日本国憲法』の中に、平和の象徴的なシーンとして温泉に入って楽しむ家族の写真が掲載されている。父と母、それに幼い姉弟全員裸の写真。一家のほほえましい写真でも見方を変えれば、家族ヌード写真で、特に正面を向いたあどけない少女の写真は〝三号ポルノの定義〟の捉え方によってはおかしなことになりかねない。

を著しく侵害することから、係る行為を規制、処罰の対象としたもの。また被害児童の保護と心身のケアも定めている。

これらが捜査当局によって、定義条文通りに解釈された場合、雑誌のグラドル（グラビア・アイドル）や書籍の家族写真は、児童ポルノ法違反で捜査され、処罰されるケースもあり得る。そうなると版元の集英社、小学館はもちろん編集長、担当編集者、カメラマン、印刷所、製本業者、運搬会社、各取次会社、全国の書店、コンビニ、それに購入読者全員が処罰の対象となる。

〝まさかそんなことにはならないだろう〟と高をくくっている場合ではない。『単純所持罪』とはまさにこのようなケースが想定できるから怖いのだ。法改正に伴う衆議院法務委員会の質疑の中では、「捜査機関の権限の乱用がないようにしたい」旨の発言が提案与党議員からなされたが、法律は一度できてしまえば、時代や政治状況次第でいかようにも解釈されるもの。法案の性質は異なるが、戦前戦中、「治安維持法」*の解釈、適用で、特高警察が作家、学者やジャーナリストを危険思想、非国民として弾圧の限りを尽くしたことは歴史が証明している。

出版編集者には忘れることのできない「横浜事件」*（総合雑誌の編集者を始め60数名が不当に逮捕され、そのうち4名が拷問で殺された事件の総称）や哲学者・三木清の獄死は法の怖さを証明する例であろう。このようにあくまで判断する（取り締まる）側の主観的な見方、とらえ方で、いかようにも解釈できるのではあるまいか。「単純所持でも罪になる」というなら、曖昧な解釈のできる余地はあってはならない。

＊治安維持法
　16ページの脚注参照。

＊横浜事件
　1942年に雑誌『改造』に掲載された細川嘉六氏の論文がきっかけとなり、著者と編集者らとの富山県泊での慰安旅行を「非合法な会合」として、編集者らが治安維持法違反で逮捕される。横浜の特高警察が引き起こした複数のフレームアップ事件から「横浜事件」と呼ばれる。

危惧が現実になった

この法律、正確には「児童買春・児童ポルノに係る行為等の規制及び処罰並びに児童の保護等に関する法律」と、長いものだが、立法化された理由は、日本人による東南アジア地域での買春行為、日本の暴力団によってアジアの子供たちが児童ポルノの犠牲にされ、その作品が世界に出回っているなどとするものであった。国際社会の中で遅れているとされた法規制を実施し、性被害児童を救済、保護することが主目的であった。

ところが１９９９年（平成11年）、法が成立してからこの15年間、性被害児童の救済状況は明らかにされないまま、担当大臣の交代や3年ごとの見直しが行われてきた。折々のテーマは、法の適用を漫画やアニメにも広げるべきか否か、写真家・篠山紀信のベストセラー写真集『サンタフェ』は児童ポルノなのか、など様々な論議が国会で交わされてきた。さらには「単純所持を禁じていないのは日本とロシアだけ」といった元駐日米国大使シーファー氏の警告まで出された。そして今国会の改正で、「単純所持」も禁止とされ、罰則が科されることとなったわけだ。15年前に出版界の連合組織のひとつ出版倫理協議会*（出倫協）が声明で、警告していた危惧が現実のものとなったといえよう。

当時（15年前の法案成立前段階）、「ここでいう定義のまま『単純所持罪』を設け

＊出版倫理協議会
１９６３年12月12日に、日本雑誌協会、日本書籍出版協会、日本出版取次協会、日本書店商業組合連合会（旧・日本出版物小売業組合全国連合会）の４団体によって設立。都道府県の青少年条例などの法的措置によらない自主規制により青少年の保護育成に努めることを目的としている。

ることだけは絶対に認めてはならない」とした元・出倫協議長の清水英夫氏の言葉が蘇る。

その「意見書」には次のように記されている。

「（法案の意義は認めた上で）刑法はわいせつ物の頒布、販売、公然陳列と販売目的の所持のみを処罰の対象にしているが、児童ポルノ頒布罪はそれらに加えて業としての貸与の他、販売等の目的で、製造、所持、運搬、輸出入することも禁じている。その結果、児童ポルノ罪の容疑で、原稿作成・印刷の段階や映画・ビデオ撮影の際でも捜査・検挙・押収が行われる危険がある。児童の商業的性的搾取の防止等を図る目的から、児童ポルノに限って例外的に規制するものであるから、立法段階における厳密な検討が求められる。規制に急なあまり、表現の自由を危うくし、〝角を矯めて牛を殺す〟の過ちを冒さぬよう強く注意を喚起するものである」

――このような意見書（他にも「声明文」や「見解」は日弁連を始め様々な団体から出された）の警告を受けて、成立した当初の法案は「単純所持」を盛り込まず、もちろん絵や漫画、アニメなど実在しない児童の表現は外されて、成立した。

過去の論議から学ぶこと

こうした経緯から見て今回の改正法「児童ポルノ単純所持処罰法」が、解釈と運用次第ではいかに危険なものとなるか、おわかりいただけたのではないだろうか。悪質な児童ポルノの製造業者を対象にし、性虐待を受けた児童の保護・救済を主眼にした法律が、ひとつ間違えると、出版・表現全体に及ぶ処罰法となる。この法律の抱える刑法をも超える立法事由、いわば「治安維持法」的な性格には決して甘く見てはならない弾圧法的側面が見て取れる。

折しも「特定秘密保護法」や「憲法改正の国民投票法案」が成立し、実質的な憲法改正ともとれる「集団的自衛権」の閣議決定がなされようとしている。特に「特定秘密保護法」について私は、2013年の『出版ニュース』誌でも「(日本を)戦争のできる国に変えてしまう法律の正体」(11月中旬号)*と題した記事を書いた。この法律、何が秘密なのかを行政の長が判断して、権力中枢の数人にしか伝えられない。そこで「取材・報道の自由」に絞ってみると、行政の内部の者がその秘密を外部に流す、あるいは、情報を得るための取材に対して〝たぶらかし〟〝脅迫まがい〟と、とられると、漏らした役人も記者も厳罰を科されることとなる。

「防衛」「外交」「治安」などの情報封殺、まさに、雑誌への「タレ込み」防止、「取材・表現」禁止法的な側面は否めない。

ここまで危惧する背景を歴史的にもう少し触れておこう。

「児童買春・児童ポルノ処罰法(禁止法)」が成立、施行された時期、今から15年前といえば、遠い過去のように思われるかもしれないが、橋本政権(故・橋本

＊『出版ニュース』(2013年11月中旬号)
掲載論文は、本書12ページ～16ページに収録されている。

龍太郎首相）が参議院選挙で惨敗し、小渕政権が誕生した頃で、この惨敗の責任を巡って、当時、与党の中からは、雑誌報道が一因との見方があり、自民党本部で日本雑誌協会は、厳しく追及された記憶がある。国会の法務委員会をはじめ、最高裁判所でも民法の不法行為責任、主に、名誉毀損やプライバシー侵害における損害賠償額の増額が検討され、その結果、100万円前後を上限としていた賠償額が一挙に500万円、1000万円に跳ね上がった。当然「雑誌記事の責任を重くする」ことに主眼をおいたものであった。

同時期国会でも「国旗・国歌法」「通信傍受法（盗聴法）」が成立し、さらには、いわゆる〝メディア規制三法〟と呼ばれる「個人情報保護法」「人権擁護法」「青少年有害社会環境対策基本法」が、浮上してきた。当時の自民党政権のメディアへの姿勢が見事に反映していると見るのは、うがち過ぎだろうか？

このうち成立した「個人情報保護法」の適用除外規定には新聞や放送、作家などは含まれたが、出版だけは外された。3年ごとの法の見直しでも「出版関連団体（雑誌協会や書籍協会など）」へのアプローチは一切なしで、いまや「著作権台帳」や「公務員の職員録」など社会に流通していた公的な情報さえ遮断されたままである。

定義があいまいなまま「改正」される怖さ

では、改正法が成立した以上、出版界は法律の〝犠牲〟にならない為にはどうすべきなのか？

この問いの前に、新聞・放送・通信などのメディアからは二、三を除いて、完全に無視された「児童ポルノ禁止法・改正案への反対表明」*を確認しておきたい。この表明は、日本雑誌協会「人権・言論特別委員会」と日本書籍出版協会「出版の自由と責任に関する委員会」の連名による厳しい反対の意見表明である。

まず反対のポイントとして、法律の本来の目的「性虐待された児童の保護・救済」を掲げながら、表現規制の危険性を孕んでいることの問題点と、改正でも依然曖昧なままの児童ポルノの定義を指摘する。その上で以下、次のように記す。

「『単純所持禁止規定』では、『自己の性的好奇心を満たす目的で、児童ポルノを所持した者（自己の意志に基づいて所持するに至った者であり、かつ、当該者であることが明らかに認められる者）』が罰せられる。しかしながら、そうした事実はどのように証明できるというのであろうか」と「改正法」の所持に関する限定規定の証明方法に疑問を呈する。さらに「法施行から一年間は単純所持を罰しないと書かれており、これは、施行前に所持していた物も含め、『児童ポルノ』のおそれのある書物を一年以内に廃棄しなければならないということも想定され

＊書協・雑協反対声明
「児童ポルノ禁止法」改正法案への反対声明
（2014年6月5日）
本日、衆議院本会議において可決された「児童ポルノ禁止法」改正案は、児童保護という本来の目的を逸脱し表現規制に繋がる危険性をはらんでいるため、ここに反対意見を表明する。
（以下、省略。上記本文参照のこと）

る。さらには、捜査機関が過去に入手した物を理由に家宅捜索を行う危険性さえある」と続ける。警察による恣意的な犯罪捜査の怖さを提示している。そして『児童ポルノを製造・所持・運搬・提供・陳列』する行為は処罰の対象となっており、原稿作成、撮影段階から捜索・検挙・押収を受ける懸念がある。書店、取次、製本、印刷業者なども取り締まられる可能性があり、出版流通システムに多大な影響を及ぼしかねない」と業界全体の大いなる懸念を表明する。そして「このように問題の多いまま、安易に単純所持を禁止し、違反すれば『一年以下の懲役、百万円以下の罰金』を科すという本改正案は、いたずらに表現者・創作者を萎縮させ、出版文化のみならず、自由な表現を後退させるものであり、到底容認できない」と記し、「単純所持」とはそもそも国民の安全・安心を脅かすものが原則である、と指摘した上で、最後に「本法改正では、性的虐待を受けた児童の保護や回復に主眼を置くべきであって、『児童ポルノ』の定義が曖昧なまま『単純所持禁止』を適用することに断固反対する」と締めくくる。

問題の大きい「青少年健全育成基本法」の立法化

このように、「反対表明文」を長々と引用説明したのは、ここに「児童ポルノ改正法案」の問題点が明確に示されているからである。その証明になるニュースが２０１４年６月13日の朝日新聞の紙面に出ている。「通信傍受　対象拡大へ」の見出しで、「法制審議会（法相の諮問機関）の刑事司法制度特別部会では、通信傍受ができる対象犯罪に新たに10種類の犯罪項目を加える」とし、その中に、「児童ポルノの製造・提供」が入っていることを明らかにしている。通信傍受法とはいわゆる「盗聴法」である。「児童ポルノ法」と同じ時期（1999年）に成立した法律で、どちらも「憲法21条*」の規定に反するのではないかと、専門家や有識者の間では問題視された経緯もあった。それが軌を一にして、また同じ時期に一段と強化されるわけである。出版メディアを取り巻く様々な法制化の構図、仕組みが見えてきて、これから先が暗澹たるおもいにとらわれる。ただ確かに今回の改正案では、第三条（適用上の注意）として、新たに追加された文言がある。「（この法律の適用に当たっては）学術研究、文化芸術活動、報道等に関する国民の権利及び自由を不当に侵害しないように留意し、（児童に対する性的搾取及び性的虐待から児童らを保護しその権利を擁護するとの本来の目的を逸脱して他の目的のためにこれを濫用するようなことがあってはならないものとする）」―括弧内は改正前の条文のまま。ここで、具体化された箇所は、「国民の権利を不当に侵害しないように留意し」という改正前の条文を「学術研究、文化芸術活動、報道等に関する国民の権利と自由を不当に侵害しないように留意し」と変えて、適用除外規定の明確化がなされた。だからといって、出版物や雑誌記事が何もかも文化、芸術、報道活動と見なされるわけではない。そこに捜査当局の判断、あえて

＊憲法21条
日本国憲法 第21条は、集会の自由・結社の自由・表現の自由、検閲の禁止、通信の秘密について規定している。
一　集会、結社及び言論、出版その他一切の表現の自由は、これを保障する。
二　検閲は、これをしてはならない。通信の秘密は、これを侵してはならない。

恣意的意図とはいわないまでも、その判断が違法性を嗅ぎ分けるわけだ。

それでは「改正法」が成立、施行前の段階で、出版界はどう対処すべきか、どんな法律でも勝手な解釈が通用するほど甘くはない。「児童ポルノの定義」が極めて曖昧なまま成立した以上、条文の解釈では、先述のように、16歳や17歳のタレントやモデルの水着姿、性的部位を強調するポーズのグラビアは、「児童ポルノ」と見なされる可能性はあるわけだ。たとえそれを雑誌報道記事、文化的な企画、あるいは芸術的な作品などと主張しても、その判断をするのは当局（警察庁）である。出版する側は、年齢をよくよく調べて18歳未満は極力避ける、なるべく性的なポーズはとらせないなどの〝回避策〟〝適用逃れ法〟はあるかもしれない。しかしあえて言えば、ここは、「出版・表現の自由」と「社会的倫理規範」を基準として、判断してもらいたい。もし当局の判断と異なるようなことになれば、「報道」はもちろん「文化性」「芸術性」「諧謔性《かいぎゃくせい》＊」などと「犯罪性」の違い等、臆することなく主張すべきは主張して、堂々と論議を尽くすべきではないだろうか。ことさらに過剰な自粛、萎縮すべき時ではあるまい。

その根拠のひとつに「児童ポルノ」の「児童」の年齢を18歳未満と規定している点があげられよう。諸外国の「児童ポルノ」の「児童」の年齢は、確かに18歳未満もあるが、日本の「労働基準法」や「教育基本法」では、「幼児」「児童」「生徒」「学生」と子供の就学年齢に合わせた設定がなされている。「幼児」は六歳未満で、「児童」

＊諧謔性（かいぎゃくせい）
しゃれや冗談、気のきいた面白いたとえなどのこと。

は、12歳未満である。「児童」＝「18歳未満」という概念で、ひとくくりにすることに、どうしても違和感がある。年齢別の基準を「レイティング」というが、そういった概念の導入も考えるべきではないだろうか。

締めに加えておくと、今回の「改正案」では規制を免れた「漫画とアニメ」については、すでに与党内では別の法律で縛る方向で、検討が始まっている。

過去に何度も審議法案として上がっていた「青少年健全育成法案」の類いである。今国会でも自民党の中曽根弘文議員が安倍首相に新たな「青少年法案」の必要性を説いている。その証が与党内における「青少年健全育成推進調査会」なる組織の立ち上げであろう。会長にはその中曽根氏が就任し、〝ヤンキー先生〟として有名な義家ひろゆき議員や池田佳隆議員などがメンバーとなっている。

２０１４年６月11日参議院には、中曽根議員以下４名の議員立法として、「青少年健全育成基本法」（現行の「子ども・若者育成支援推進法」の一部改正案として）が提出された。この中には、具体的なメディアに係わる条文はない。しかし、彼らは、青少年健全育成推進本部を立ち上げて、そこで「大綱」を作成し、その「大綱」には具体的な内容を盛るとしている。

コミックやアニメの周辺を巡る新たな規制の動きにも目が離せない。

表現・出版規制に関わる年表（1998年～2000年）

年	月	主な出来事　＊印は補足
1998年（平成10年）		＊1996年1月橋本政権誕生。
		＊1997年11月山一証券、三洋証券、北海道拓殖銀行など金融の大手が倒産。
	6月	相次ぐ金融破綻、危機で、金融監督庁発足。
	7月	参議院選挙大敗で、自民党・橋本（龍太郎）内閣崩壊。月末、小渕恵三内閣誕生。
	10月	「金融再生法」成立。その後、日本長期信用銀行が金融再生法の適用を受け破綻。
	12月	日本債券信用銀行も金融再生法申請。
1999年（平成11年）		＊与党・自民党によるメディアへの直接、間接の働きかけが強まる。司法においては、不法行為責任（名誉毀損やプライバシー侵害など）での損害賠償額を桁違いにする提言も出される。
	3月	自民党政務調査会による主として雑誌メディアへの規制検討委員会「報道と人権のあり方に関する検討会」のヒアリング調査が始まる。弁護士や学者、出版団体などを意見聴取。8月に報告書を作成。
	5月	「情報公開法」成立。
		・日米防衛協力の指針、新ガイドライン関連法成立。
		・「児童買春・児童ポルノ禁止法」成立。11月施行。
	6月	与党内で「個人情報保護法」の法制化決定。
	8月	「国旗国歌法」成立。「通信傍受法（いわゆる盗聴法）」成立。「改正住民基本台帳法」成立。
	10月	日弁連が人権擁護大会において、電車の中刷り広告での週刊誌の〝わいせつ〟表現を批判、雑誌協会との話し合い。
		・法務省・人権擁護推進会議が報道機関への報道被害救済のヒアリングを開始。
	11月	個人情報保護検討部会が中間報告公表。
2000年（平成12年）		＊「個人情報保護法」や「人権救済法」、「青少年健全育成法」など、「メディア規制3法」への動きが加速化してくる。
	3月	総務省・青少年問題審議会が「青少年育成基本法」を提言。小渕首相緊急入院（5月死去）。
	4月	自公保3党連立で、森喜朗内閣発足。「ストーカー規制法」成立。
	5月	・参議院自民党が「青少年社会環境対策基本法」の素案を作成。また、法務省人権擁護推進会議が「人権救済制度の在り方」を答申。
		「青少年社会環境対策基本法」案を作成。
	9月	「改正少年法」施行。刑罰対象年齢を14歳に引き下げ。

表現・出版規制に関わる年表（2001年～2005年）

年	月	主な出来事	＊印は補足
2001年（平成13年）	3月	「個人情報保護法（案）」閣議決定。	
		・東京都が「青少年健全育成条例」を改正。	
	4月	小泉純一郎内閣発足。	
		・「情報公開法」施行。	
		・「DV防止法」施行。	
	7月	参議院選挙　自民党大勝。	
	9月	米国で同時多発テロ発生。（NY世界貿易センタービル、国防総省などへ）	
	10月	「テロ特別措置法（防止3法案）」成立。	
2002年（平成14年）		＊通常国会において小泉内閣より「人権擁護法案」が提出されるも成立せず、廃案になる。	
	8月	住基ネットスタート。	
	9月	小泉首相初の北朝鮮訪問。	
	10月	拉致被害者5名が帰国。	
2003年（平成15年）		＊「個人情報保護法」の適用除外条項に、「出版」は外されたまま成立する。	
	5月	「個人情報保護法」成立。	
	6月	「有事法制関連3法案」成立。	
	9月	小泉首相再選、小泉改造内閣成立。	
	11月	総選挙、自公微減、民主躍進。	
		第二次小泉内閣成立。	
2004年（平成16年）		＊この時期、雑誌メディアへの司法判断（名誉毀損での損害賠償額）が一段と厳しくなる。	
	3月	「週刊文春」発売差し止め。	
	5月	「裁判員法」成立。	
	6月	「児童買春・児童ポルノ禁止法」の一部改正。	
	7月	「改正東京都青少年健全育成条例」施行。	
	9月	第二次小泉改造内閣発足。	
2005年（平成17年）		＊雑誌メディアへ直接、間接に関わる法律が、次々に成立、施行される。	
	4月	「個人情報保護法」全面施行。	
	9月	小泉首相、郵政解散選挙で圧勝。	
	10月	「郵政民営化法」成立。	
		・自民党による「新憲法草案」作成。「自衛隊」を「自衛軍」と条文に明記。	

表現・出版規制に関わる年表（2006年〜2009年）

年	月	主な出来事　＊印は補足
2006年（平成18年）	2月	「横浜事件」（出版人５名が特高の拷問で殺された事件）の再審請求が退けられ「免訴」判断。
	5月	「探偵業法」が成立。類似した業務のメディアによる取材は適用除外となる。
	9月	安倍晋三内閣発足。
	12月	「改正教育基本法」成立。愛国心が盛り込まれる。また、自民党議員より「青少年の健全な成長を阻害する怖れのある図書類の規制に関する法案」が次期通常国会提出に向けて、浮上する。
2007年（平成19年）		＊防衛省発足。（防衛庁が防衛省に格上げされる）
	1月	「青少年健全育成阻害対象の図書類規制法案」で、高市早苗議員と雑協・倫理委員長が話し合い。
	5月	「憲法改正国民投票法案」が強行採決で成立。
	7月	参議院選挙で、民主党が圧勝。参院第一党へ。
	9月	安倍首相病気で突如辞任。福田康夫内閣発足。
2008年（平成20年）		＊2007年末に離日直前の米国駐日シーファー大使による「日本も早急に児童ポルノの単純所持を禁止すべき」との指摘に、改正の動きが加速。「児童ポルノ」の定義を巡る論議も過熱。
	9月	福田首相辞任。麻生太郎内閣発足。＊2008年9月15日 米国発の金融危機（リーマン・ショック）
	10月	防衛省、「日本は侵略国家ではない」との論文を書いた田母神俊雄・航空幕僚長を更迭。
2009年（平成21年）		＊雑誌メディアへの高額賠償判決が相次ぐ。4千万円、5千万円という懲罰的な判決に、雑誌協会も異例の「意見書」を提出する。
	3月	「横浜事件」第4次再審請求でまたも「免訴」判決。
	5月	裁判員制度スタート。雑誌協会は、「事件報道のルール作りは必要ない」姿勢を貫き通す。
	6月	「児童ポルノ法」改正論議で、篠山紀信・写真集『サンタフェ』さえも児童ポルノ扱いされる。
	8月	衆議院選挙で、民主党が圧勝、政権交代へ。
	9月	民主党・鳩山由紀夫内閣発足。＊暮れにかけて、東京都治安対策本部・青少年課と「児童を性の対象として扱うこと」の答申案で論議。

表現・出版規制に関わる年表（2010年～2013年）

年	月	主な出来事　＊印は補足
2010年（平成22年）		＊出版団体は、年初より東京都「青少年健全育成条例」の改正問題で、毎月のように論議。都議会各党との交渉を行う。
	5月	民主党政府は日米共同声明で、沖縄・普天間基地の移転先を名護市辺野古に決定する。
	6月	都議会で「青少年健全育成条例」改正案不成立。 ・鳩山首相、普天間で引責辞任。菅直人内閣発足。
	7月	参議院選挙で、民主党敗北。与党過半数割れ。
	12月	都議会で「青少年健全育成条例」改正案、今回は成立。付帯決議で、「制限条項」が付く。
2011年（平成23年）	3月	東日本大震災　福島原発の大事故発生。
	7月	東京都「青少年健全育成条例」改正条項施行。
	9月	民主党菅内閣に変わり野田佳彦内閣成立。
	10月	東京都「暴力団排除条例」施行。 野田政権下「国家秘密保全法」案が表面化する。
	11月	橋下徹・大阪市長誕生。
2012年（平成24年）		＊民主党政権下、年初から新メディア規制三法―「秘密保全法」「マイナンバー法」「人権侵害救済法」への対応に追われる。
	3月	～5月。反原発、首相官邸前のデモ広がる。 ・自民党が「言論の自由の弾圧」とし「人権救済機関設置法案」（人権侵害救済法）に大反対する。
	4月	自民党が「憲法改正」の新案を作成。天皇元首、国防軍、緊急事態条項など全面改変を企図。
	10月	『週刊朝日』掲載記事「ハシシタ　奴の本性」が差別表現として連載中止となる。
	12月	衆議院選挙で、自公圧勝。第二次安倍晋三内閣が発足。 東京都・猪瀬直樹知事が誕生。
2013年（平成25年）		＊「在日特権を許さない市民の会」（在特会）による在日コリアンへの民族差別発言や行動が「ヘイトスピーチ」として、社会問題化する。
	1月	講談社　河西智美（AKB48）の手ぶら写真が児童ポルノ法に触れるのではないか？　と問題になる。
	5月	「マイナンバー法」成立。2016年1月利用開始。
	7月	参議院選挙で、自公が圧勝。ねじれ国会解消。
	11月	日本版NSC（国家安全保障会議設置案）成立。
	12月	「特定秘密保護法」強行採決で、成立。

表現・出版規制に関わる年表（2014年～2015年）

年	月	主な出来事	＊印は補足
2014年（平成26年）		＊朝日新聞　慰安婦強制連行報道を取り消し、「吉田調書」の誤読を謝罪。社長の辞任、新体制へ。メディア間の相互批判や言論を問題視する世論も沸き上がる。	
	1月	安倍内閣の「国家安全保障局」発足。	
	4月	「憲法改正国民投票法」成立。	
	5月	東京都「青少年健全育成改正条例」が初適用される。	
	6月	「児童ポルノ単純所持禁止の改正法」が成立。	
	7月	集団的自衛権の行使容認を閣議決定。	
	11月	「ヘイトスピーチ」規制法案が超党派で検討。	
	12月	「特定秘密保護法」施行。 ・衆議院選挙で、自公圧勝。安倍政権の基盤強化	
2015年（平成27年）	1月	フランスの週刊紙「シャルリー・エブド」編集長以下編集者、挿絵画家などがイスラム過激派の凶弾に倒れる。 ・シリアで、日本人ジャーナリストが「イスラム国」に誘拐、公開処刑される。	
	2月～	「憲法改正」へのスケジュールが安倍首相より示される。 通常国会（会期末6月末）で ・「民法」の抜本的な改正審議、可決か。 ・「通信傍受法」（盗聴法）対象犯罪の拡大決定か。 ・「個人情報保護法」の大改正なるか。 ・「集団的自衛権」行使のための安全保障法制の審議進む。	
	4月	統一地方選挙 春～夏にかけて　原発再稼働するか―高浜、川内など。	
	8月	敗戦後70年　安倍首相談話が出される予定。	
	9月	自民党総裁の任期切れ（安倍総裁再任か） 秋から年末にかけて「マイナンバー法」で論議過熱か。	

この年表は、20世紀末から21世紀の初めにかけての日本社会の動向、その中でも、メディアと政権の関わりに特化したもの。

第2章、第3章を読みながらチェックすると、関連性がつかめてより理解が深まるように作成したものである。

戦後民主主義を支える根幹である「言論・表現・出版の自由」があの手、この手で規制されていくさまを是非辿っていただきたい。

第2章

メディア規制の軌跡と現実

本章の内容

第1章の「表現・出版規制に関わる年表」にあるように、1998年自民党・橋本政権下での参議院選挙大敗が引き金となって、自民党・政務調査会が1999年に行ったヒアリング調査が、以降の出版・雑誌メディア規制の基調となる。

わずか8ページ足らずの「報道と人権のあり方に関する検討会」の報告書が、いわゆる「メディア規制三法」の検討や民事裁判での賠償額（雑誌記事における名誉棄損、プライバシー侵害など）をケタ違いにしてしまう。

2000年代に入り、まず「個人情報保護法」が様々な論議を経て、2003年に成立、施行される。そのいきさつを出版・雑誌側から重大な抗議の意味を込めて記した。さらには「人権擁護法案」「青少年有害社会環境対策基本法」と続く「メディア規制三法」にも論及。2005年以降は「裁判員制度」の実施に伴う「裁判員法」をめぐり、事件報道の取材規制がメディア規制につながる怖れありと、懸念された。そのほか「憲法改正国民投票法案」「児童買春・児童ポルノ処罰法案の改正案」「探偵業法」などが毎年のように提起され、その都度「報道・表現の自由」に抵触しかねない各法案の問題点を指摘してきた。

「個人情報保護法」の狙い 出版・雑誌を黙らせる意図が明白だ！

＊初出誌
『新文化』２００３年５月

個人情報保護法の出版・雑誌メディアへの影響

私が「個人情報保護法」問題に取り組んで早４年の歳月が流れた。衆議院・特別委員会、本会議で政府与党案が無修正で成立し参議院特別委員会での審議が始まった今この時点で、「個人情報保護法とは出版社・雑誌にどのような影響を及ぼすものなのか」この法律の正体を明確にしておく必要性があると思い、これまでの体験的な経緯と想定しうる出版・雑誌メディアへの影響を考えておきたい。

振り返れば、日本雑誌協会はまさに一丸となって「個人情報保護法」に反対する意見広告＊を新聞各紙に出し、各雑誌で緊急アピールを行い、幾度も抗議の声明文を提出してきた。

旧法案では新聞社や放送機関、作家、フリーライターなどとの大同団結で廃案に追い込むことができた。

それが今般の修正法案では出版・雑誌、作家、フリーライターなどは、ほぼ一致した見解を共有したにもかかわらず、新聞社や放送機関は適用除外に入った故

＊個人情報保護法に反対する意見広告
16社連名による２００１年５月21日付けの意見広告
（左ページの脚注図面）

か、全く足並みが揃わず、今回の結果を招いてしまったといえる。しかしこの修正法案はメディア全体に多大な影響を及ぼす条項を含んでいる。その適用次第では「あのときもっと反対しておけば…」という〝後の祭り的〟事態が予想しうる。

そこでまず、修正法案が恣意的な作為に基づくことを明らかにしておこう。

「政府与党、閣僚の中には法律の適用除外に出版社（雑誌）を明記することにどうしても反対という方もいたことは否定しません」

これは衆議院・特別委員会が開催中の4月中旬、特別委員であり与党理事でもある一議員の発言だ。同じく3月上旬、プロジェクトチームとの意見交換会の席上、与党・公明党の議員も内幕を次のように明かした。

「廃案になった旧法案を再検討して出し直す際、自民党議員と修正条項をめぐり相当な時間、やりとりをしたが、出版社・雑誌を修正法案の適用除外に明示することにはどうしてもクビを縦に振らない議員がいた」

この二つの当事者発言から、修正法案が自民党の強い意向を受けた出版・雑誌をターゲットにしたものと、はっきり断言できよう。

「出版社は多種多様な活動をしているので、そのすべてを適用除外にはできない」とか「住所氏名入りの地図や名簿を売り物にしている出版活動はやはりなじまないのでは」といった議員発言や行政当局の見解は、いわば政府与党議員の〝出版社ハズシ〟の意向を受けたこじつけに過ぎないものであることがはっきりした。

意見広告

読者のみなさまへ

「個人情報保護法案」に反対する共同アピール

国民の「知る権利」と「言論・出版の自由」がいま風前の灯です。巨悪の逃げ道をつくってよいのでしょうか？

二〇〇三年五月二十九日

学習研究社　角川書店　講談社　光文社　実業之日本社　集英社
主婦と生活社　小学館　新潮社　ダイヤモンド社　東洋経済新報社
徳間書店　扶桑社　双葉社　文藝春秋　マガジンハウス　（五十音順）

ここで4年前の行政側からのヒアリングを振り返っておこう。そもそもの「個人情報保護法」制定の目的は、国際社会の急速なIT社会化に伴いEUやOECD諸国間との法律の整合性を持たせる必要性から、個人のプライバシー情報保護に対して、日本もしっかりとした法整備をするためのものであった。それに小渕内閣で成立した「改正住民基本台帳法」をガードするため、さらには個人情報が何もかも筒抜けになる日本社会の実状に鑑みて不正利用、悪質業者取り締まりのためという事情も背景にあったといえる。

約3年半前、最初の高度情報化社会の進展に伴う個人情報保護検討部会のヒアリングでは主として「出版社に寄せられる愛読者はがき、クイズのはがき、購読者のデータをどのように管理しているのか」といった類のやりとりに終始して、表現の自由との関わりでは一言もヒアリングされない有様であった。

ところが、このヒアリングに先立って日本雑誌協会の事務局が総理府に呼ばれ、個人情報担当係官からこのように切り出された。

「雑誌ももうこれからは勝手に盗撮とか隠し撮りができませんね」

この発言で法案の狙いに雑誌の表現に関わる重大な問題が内在している事がわかり、我々は日本雑誌協会内にプロジェクトチームを作り、検討に入ったのだ。

そして次の段階、個人情報保護法制化専門委員会では、「個人情報保護法が報道の自由にまで介入することにならないか」というこちらの疑念に対しては「ネット上で情報が飛び交う時代、何が報道にあたるのかも検討課題のひとつだ」という対応ぶりであった。

そして行政が作り上げたのが旧法案で、「基本5原則」はメディアも含みすべてに適用されることがわかり、言論統制、封殺法として反対運動が展開され、ついに廃案に追い込まれた。

修正「個人情報保護法案」の中身

そこで、今回の修正法案の中身だが、前記のように適用除外の条項に、出版社・雑誌が明記されていない点がまず上げられる。「新聞社、放送機関、通信社」は明記されているにもかかわらず、「報道に関わる出版社」は「その他の報道機関」としか記されず司法の解釈と運用に任せる狙いが明らかになっている。さらには主務大臣が適用か否かを判断する点で、「主務大臣は法の適用に際して、表現の自由を妨げてはならない」とされながらも、表現の自由の一環である「報道か否か」の判断は行うという矛盾した法律になっている。しかもその「報道」の定義が「不特定かつ多数の者に対して客観的事実を事実として知らせること（これに基づいて意見又は見解を述べることを含む）」という狭い概念で、これではいわゆるニュース報道とその解説しか念頭に置いていないとしか思えない。そうなると、雑誌記事は報道の対象外となる。衆議院本会議の大臣答弁では「この条文は報道機関が報道として報じれば事実と違っても報道になる」とか「社会の出来事を広く知らせることと理解してよい」という答弁で、それなら「客観的事実を事実として」という意味不明な条文の文言は答弁のようなすっきりした条文に替えればよいのだが、それさえ政府与党は全く取り合わない。これには行政側の意図、つまり法律の条文として解釈・運用するときの都合や司法の判断を仰ぐ場合、いかようにも適用可能とする作為が読みとれる。

また、衆議院特別委員会の附帯決議において「出版社が報道又は著述の用に供する目的で個人情報を取り扱う場合は、個人情報取扱事業者に係る義務規程の適用除外となることを明確にすること。」という一文を決議している。しかし、この附帯決議とは、委員会の決議であって、衆議院本会議の議決事項ではなく、法律の条文にも何ら明記されない。つまり、法的拘束力もない儀礼的な決議に過ぎない。ここまで決議できるのならなぜ法案の条文に明記しないのか、この点こそが法案の狙いを明確にしているといえよう。

「個人情報保護法」が適用されたら

それではこのような「個人情報保護法」が狙い通り、出版・雑誌メディアに対して適用されるケースを想定しておこう。

まず考えられることは、掲載された記事そのものへの露骨な干渉というより、予備取材、先行取材の段階、過程での関与であろう。

「どうも身辺が探られているようだ」と感じた政治家は、その全人格が問われる公人にも関わらず、自分の個人情報保護のため主務大臣に、「出版社から委嘱を受けたフリーライターと称する人物が、おかしな動きをしている」と訴えれば、主務大臣はまだ報道につながるかどうか判然としない段階で、個人情報取扱事業者（会社・個人）へ報告の聴取、助言、中止・是正の勧告、命令ができる。

「主務大臣は表現の自由を妨げてはならない」「著述・報道の用に供する目的であれば適用除外」といった個人情報保護法だが、「表現の自由」「報道目的」以前の問題と、主務大臣が判断する可能性は大きい。それは次のような与党議員の報道への対応姿勢に象徴される。

「自称フリーライターと名のる人物や、ブラックジャーナリストのような輩が取材・報道という名目で周辺をかぎ回るケースも多いから、何でもかんでも適用除外にはできない」

つまり、週刊誌や写真誌の場合、社員記者・編集者とチームを組んだ編集プロダクション所属の記者やフリージャーナリストの多くが、全く見当違いなこのようなレッテルを貼られて、取材にストップがかけられることが大いにありうるということだ。

雑誌の取材は、まだ記事になるかならないか、判断の付かない段階では極秘調査も行う。隠蔽された文書や関係者の証言、内部告発者の情報の裏付け取材の場合、最初から何もかも明かしていたのでは取材にならない。取材テクニックを駆使して個人情報を探る以上、法に触れるような事はしないが、ぎりぎりの取材行為はありうる。そこで、個人情報を探っている段階で主務大臣に干渉されては、結局記事になる前につぶされる事となろう。

さらに、雑誌記事が裁判で訴えられた場合、原告側は刑法の名誉毀損罪、民法の不法行為責任に加えて、個人情報保護法違反での訴えもできる。報道機関といえども個人情報取扱事業者でもあるのだから、個人情報の適正な取り扱いを定めた基本理念や50条第3項の「安全管理、適正措置、苦情処理、内容公表等の努力義務」を逆手に取られる可能性は大いに考えられる。

現在、参議院特別委員会で審議中だが、このまま無修正で可決成立*する公算は大きい。

そこで日本雑誌協会ではもしこの法律が雑誌メディアに適用されるようなことがあれば、その一部始終を記事にして社会に問いかけようと考えている。出版・雑誌いや社会全体の問題として、この法律が誰を守り、何をつぶそうとするものなのか、決然とした姿勢で取り組むつもりである。

＊個人情報保護法成立

２００３年（平成15年）5月23日成立。一般企業に直接関わり罰則を含む第4～6章以外の規定は即日施行。２００５年4月1日に全面施行。出版は「適用除外」規定に入れられず、衆参両特別委員会の「附帯決議」には記される。

日本書籍出版協会と日本雑誌協会は、２００３年4月18日「共同アピール」を発表した（次ページ資料参照）。

◇**資料**

読者の皆さまへ　「個人情報保護法案」に反対する共同アピール

私たちは言論の自由を脅かす法律を許しません！

「国民の知る権利」と憲法で保障された
「言論・出版の自由」がいま、風前の灯です——

私たちがそう訴えてから2年が経過しました。その「個人情報保護法案」はいま国会で十分な議論もないまま成立必至の雲行きです。旧法案から手直しはされても本質は変わっていない、と私たちは思います。

このままいけば、雑誌や書籍の生命線である取材・調査活動が損なわれ、国民の知る権利に応えられなくなると危惧します。

何より問題なのは、国が報道・言論についての規定や論理を法の名の下に決定し、運用しようとしている点にあります。「報道」とは何かが条文で規定されるのは、戦後初めてのことであり、しかもその規定はきわめて狭義かつ恣意的と言わざるを得ません。その上、個別に主務大臣が「報道か否か」を判定するというのです。これが報道・言論の封殺につながらないなどと誰が断言できるでしょうか。このことは、NPOなどの市民活動やネット情報も規制の対象になるおそれの強い法律であることを示唆するものでもあります。

さらに「放送機関・新聞社・通信社・その他の報道機関」は法の適用対象外とされながら、条文中に「出版社」や「雑誌」「書籍」は明示されませんでした。法律の解釈・運用は、条文に記されているか否かがすべてです。

言論・出版による権力の不正、腐敗の追及を抑制しようとする強い意図がここでも感じとれます。

「個人情報保護法」を巨悪の逃げ道にしてはなりません。民主主義の根幹を守るために、この法案に私たちは今後も強く反対し続けます。

2003年4月18日

社団法人 日本雑誌協会
社団法人 日本書籍出版協会

メディア規制の現状と出版・雑誌の危機的状況

＊初出誌 『放送文化』２００５年秋号

新聞、放送、出版メディアへの公然たる規制の動き

政府与党による新聞、放送、出版メディアへの公然たる規制の動きが始まったのは、１９９８年の参議院選挙の惨敗からだ。雑誌への具体的な働きかけは、翌年4月13日に行われた自民党政務調査会「報道と人権等のあり方に関する検討会」における日本雑誌協会・編集倫理委員会との意見交換会での席だった。列席していた総合週刊誌を出している出版社の倫理委員に対して「とんでもない記事を書かれて、抗議してもたらい回しにされた。記事は署名にすべきだろう」「たとえ訴訟を起こしても、とても名誉の回復にはならないと、弁護士にたしなめられた」等々、まさに選挙の敗北は雑誌のせいだといわんばかりの発言が複数の議員からなされた。国会議員が入れ替わり立ち替わり個人的な体験をぶつけるさまに、各社の総務や法務担当の倫理委員は「議題にあげられている記事に反証をしようにも聞く耳を持たないとはこのことだった」と振り返る。まさにこれが、与党・自由民主党による今に至る言論機関への関与の端緒といえよう。この参議院選挙惨敗後に橋本内閣からバトンタッチされた小渕内閣は、この傾向をさらに加速させ、

「改正・住民基本台帳法」「国旗・国歌法」「通信傍受法（いわゆる盗聴法）」などと並んで、「個人情報保護法*」「人権擁護法案」「青少年有害社会環境対策基本法案」というわゆる「メディア規制三法」を次々に打ち出してくる。

*個人情報保護法
　2003年（平成15年）5月23日成立、罰則規定などを除き、即日施行。罰則規定などは、2005年4月1日全面施行（36～42ページ参照）。

「メディア規制三法」それぞれへの出版・雑誌の対応

「メディア規制三法」と、それぞれへの出版・雑誌の対応と現状を記す前に、ここ数年の雑誌の状況を辿《たど》っておこう。

2001年1月　『週刊宝石』　休刊
2001年8月　『FOCUS』休刊
2004年4月　『噂の真相』　休刊

この少し前には月刊『宝石』の休刊、その後に続いた週刊各誌の休刊など、まさに〝雑誌冬の時代〟を実証する動きが続いている。そして今現在、大手出版社の経営者が「休刊にしよう」と決断してもおかしくない総合週刊誌、写真誌、月刊誌はおそらく一つや二つではない。部数の低迷や広告収入の減少から慢性的な赤字を抱え、それでも出し続けていくという社会的使命感、責任感が、ある時を境に支えきれない〝お荷物〟と判断されれば、すぐにでも「やめてしまう」可能性は十分ある。

『週刊宝石』『FOCUS』『噂の真相』はそれぞれ数10万部を売るまさにマスメ

ディアであったし、その影響力は、時代の内幕を撃つにふさわしい「ちから」を備えていたが、それでも経営的には耐えきれずに、休刊を余儀なくされた。『噂の真相』はしかし、経営的には黒字で、毀誉褒貶はあったもののその惜しまれ方は出版界のみならず、新聞・放送などの異種メディアでも特集や特別番組が組まれるほどであった。

『噂の真相』の発行人で編集長の岡留安則氏は、休刊は予定の行動と言いつつも、「裁判の費用、労力、煩雑さや個人情報保護法のような言論弾圧法の成立が休刊の一因」と語るように、マスメディア、特に雑誌を取り巻く言論規制の動きは、ただでさえ脆弱な出版・雑誌の基盤を大きく揺るがしている。

05年現在、総合週刊誌の発行部数は、全盛期の半分以下に落ち込み、写真週刊誌に至っては、3分の1以下ではないだろうか。そこに追い打ちをかけるようなメディア規制の圧力である。加えて、司法の断罪にも似た高額賠償判決と、差し止め判断が襲った。

高額賠償判決とメディアの対応

まず、「法的規制」を論じる前に雑誌メディアへの具体的な圧力となった高額賠償判決の流れを追ってみよう。

いわゆる損害賠償額〝100万円ルール〟* (そんなルールはなかったのだが)が

＊100万円ルール
報道記事での人権侵害を訴えて、勝訴しても、賠償金100万円程度の判決しか出されないという見方。

一挙に500万円まで引き上げられることになったのは、2001年2月光文社『女性自身』の女優・Oさんの記事だった。匿名だが、裏付け取材もなされ、テレビのワイドショーも後追い取材をしていたにもかかわらず、大きな賠償額の判決が出された。続いて同年3月には小学館『週刊ポスト』の巨人軍・K選手の記事に対する損害賠償額で、なんといきなり1000万円もの賠償金額が出された（控訴審で600万円に減額）。この年はその後も4月『噂の真相』の元総理の買春疑惑記事へ300万円、7月『日刊ゲンダイ』の自民党幹事長スキャンダル仕掛け記事に500万円、9月 講談社『週刊現代』のテレビ局女子アナウンサーの醜聞記事に770万円（肖像権侵害を含む）などなど、軒並み高額の損害賠償金額が出され、各雑誌は取材の裏取り、匿名ネタ元の洗い直し、タイトル、見出しから本文表現まで、過剰な神経を遣い、萎縮してしまう状況が現れた。出版社はいわば糧道を断たれるような金額の賠償判決に、一方的に防戦を強いられることとなった。

2001年になって、突然このような高額損害賠償判決が出るようになったきっかけは、やはり先述の1998年夏の参議院選挙における自民党惨敗にさかのぼる。自民党は翌年1999年に「とにかく雑誌の記事を何とかしたい」との思いから「報道と人権等のあり方に関する検討会」を設置して、冒頭のような意見交換会を行い、報告書を8月11日付けで出した。その中で、立法によるメディア規制策と同時に司法による締め付けが必要との方針を示している点に注目すべきだろう。それが、名誉毀損、プライバシー侵害などの不法行為における損害賠償訴訟の賠償額見直しである。これに公明党が賛同し、強力な与党のタッグが組まれ、２００１年に発動されたのである。

その賠償額の基準作りに際して、東京地方裁判所の裁判官有志による検討会や司法研修所の教官たちによる「損害賠償請求訴訟における損害額の算定」、さらには最高裁の命による塩崎勤・東京高等裁判所判事（現・桐蔭横浜大学教授、弁護士）の研究論文「名誉毀損による損害額の算定について」がそれぞれに研究、検討され、賠償額の算定が決められていった。

２００1年5月の衆議院法務委員会では、公明党・冬柴幹事長が、名誉毀損訴訟を取り上げ、森山真弓法務大臣（当時）や最高裁判所事務総局民事局長から「社会通念に沿った適切な損害賠償額の算定のあり方の検討」「名誉・プライバシー侵害に対する民事的救済に関する調査研究」の回答を引き出している。これが意味するところは、この年すでに方向付けされている高額賠償判決の法的裏付け、根拠づくりである。それが最高裁判所の指示で行われている東京地裁判事や司法研修所の検討会、塩崎判事の研究論文にあたることは明らかであろう。つまり、与党の圧力による名誉毀損・プライバシー侵害などの不法行為責任における慰謝料額、損害賠償額の高額化が、１９９9年から２０００年には組織的に検討されていて、その〝成果〟が、判決として2001年度から一斉に出され、100万円ルールは500万円ルールへと引き上げられ、結果的には司法によるメディア規制へとつながっていったとみられる。

この傾向は最近幾分落ち着いてきた感があるが、2002年以降の判決を見ても、1000万円を超える損害賠償額は度々出されているし、休刊となった新潮社の写真誌『FOCUS』による名誉毀損訴訟判決では、1980万円もの高額判決さえ出されている。たとえ記事に問題点があるにせよ、懲罰的ともいえる金額ではある。

出版各社が年間に支払う損害賠償額を含む訴訟関連費用は、経営には大きな負担になっている。

司法の「規制」とプライバシー侵害

司法の「規制」が最も端的に表れたのが、04年3月発生した『週刊文春発売差し止め事件*』といえる。この事件は、出版・雑誌界のみならず、他のメディア全体に大きな衝撃を与えた。これが東京地裁の一裁判官の判断で唐突になされたと見るか、一連の雑誌メディアへの司法の制裁と見るかは立場によって違ってくるだろうが、ここまで触れてきた司法による規制の流れから、極めて意図的な「判断」であったといえよう。

*週刊文春発売差し止め事件
2004年3月17日に発行される『週刊文春』に対し、発行前日の16日、プライバシーの侵害に当たる差し止めの仮処分が行われたこと。その後、東京地裁の「仮処分を維持する決定」があり、文春側の東京高裁への控訴審で、仮処分が取り消され、「表現の自由」が瀬戸際で守られた。

田中真紀子議員の長女の離婚を扱った記事が、プライバシー侵害にあたるか否か、〝侵害があった〟としてもその記事が出ることによって回復不可能なダメージを与えるか否か、また発行停止処分で雑誌の他の掲載記事をも封殺するほどのものかどうか、そして何より、プライバシー侵害とは、どのような判断基準でなされるものなのか、多くの問題を投げかける前代未聞の決定であった。

特に「プライバシー侵害」と「言論・表現の自由」のすり合わせについては、民主主義社会の根幹に関わる重大問題だけに触れておきたい。

そもそも憲法で保障されている「言論・出版・表現の自由」は、プライバシー権の根拠とされる「人格権」より重いのか軽いのか、様々な論議がなされたが、憲法上の規定をみると、「言論・出版その他一切の表現の自由はこれを保障する」という表現に対して人格権は「すべての国民は個人として尊重される」とされていて、「保障」と「尊重」では明らかに重さが違っていて、「表現の自由」を優位と見ていることがわかる。「プライバシー権」というのは米国で生まれた概念で、国家的なるもの、公から私を守るためにあるとするのが第一義的であって、私生活では「他人の干渉を受けずに放っておいてもらう権利」であった。それが次第に、「私生活をみだりに公開されない法的権利」となり、最近では「自己情報のコントロール権」にまで拡大されてきている。

本来、政治家や高級官僚に代表される公人や芸能人、スポーツ選手、文化人、著名人などはプライバシーがある程度制限されてもやむをえないとされる。その理由は、公人が国家や自治体、公的組織などの社会的役割を担い責任を負う仕事で、私生活も含めて全人格が問われること、また有名人は社会的な役割、影響力、そして何より世人の正当な関心の的になっているが故に、ある程度の範囲内の私事に関する事項は公になることを甘受しなければならないとされている。今回、「超」のつく有名政治家の後継と目される人物の離婚、結婚という公的届け出に関わる問題を「プライバシー侵害」とした裁判所の判断は、プライバシー誕生の国、米国ならとても掲載誌を差し止める事態にはならないとする、英米法に詳しい法学者の見解がある。

プライバシーには特にこだわると思われている米国で、表現の自由よりも重きを置くプライバシー概念はそれほど多くはない。米国では政治家や財界人、高級官僚、著名人は、本人はもちろん家族も含めてその動向が、公衆の正当な関心事である以上、メディアが伝えるのは当然とされる。よほどのことがない限りそれが裁判所に訴えられること*はまずない。にもかかわらず、最近日本ではプライバシー権という人格権が拡大解釈され、一人歩きしているように思えてならない。

「個人情報保護法」とプライバシー侵害

そこでつぎに、プライバシーを含む個人情報、個人データを守るとされる法律、

＊裁判所に訴えられる
米国では、名誉やプライバシー侵害で裁判になる場合、訴える側つまり原告に立証責任があるとされる。

05年の4月から全面施行となった「個人情報保護法」である。この法律の成立を巡っては、メディアとの攻防が数年に渡って続き、ようやく報道分野に関わる新聞社、放送機関、通信社、作家、フリーライターは法律の適用を除外されることとなったが、最後まで残った雑誌を発行する出版社は適用除外に明記されなかった。衆参両委員会での「附帯決議」にだけは、「報道に携わる出版社も適用を除外される」と記されたが、これは、法律の条文にも載らないし、国会決議でもないので何ら法的拘束力を持たない。これでは、雑誌の取材に際して、個人情報保護法に関わる事項は、適用除外ではないので、ストップがかかってしまう。案の定、週刊誌、写真誌の取材に対して、「個人情報を探るとは何事か」という抗議がいくつか寄せられている。政治家や立法・行政府が、最後まで出版社、雑誌社にこだわった経緯が、次第に明白になりつつある。

さらにこの法律の見逃せない問題点は、国家が初めて「報道」の概念*を法に定めたところにある。

「個人情報保護法」第50条第2項では、

「報道とは、不特定かつ多数の者に対して客観的事実を事実として知らせること(これに基づいて意見又は見解を述べることを含む)をいう」とある。

「客観的事実を事実として」という概念は、あまりに狭い概念と言えないだろうか。たとえば、雑誌でよくあるケースで、誰も知らない政治家や著名人のスキャ

*「報道」の概念
「報道」の定義が法律で決められている。法律の定義概念が決められると、「司法判断」の基準とされる。

ンダル告発スクープ記事などは、「客観的事実」かどうかわからないわけだから、果たしてこの「報道」の定義にあてはまるのだろうか？

また、政治家や官僚組織の不正や腐敗の情報を得て、記事にするかどうか極秘裏に調べている段階で、当該政治家や官僚の個人情報に触れる場合、「報道と称して、身辺を探る輩がいる」とみなされ、法律で明記されている「主務大臣」に通報されて「待った」がかけられるケースは大いに考えられる。雑誌としては、内部告発やいわゆる〝ディープ・スロート〟*情報から取材を始め、データをそろえ、記事にするまでの過程で、この「個人情報保護法」違反とされて、取材内容が〝表面化する〟ことが最も危惧される。「報道」の法的定義が、恣意的に使われる懸念がぬぐい去れない。

施行後、2か月も経たない5月には、自民党から改正案の国会提出が検討されていることが判明した。

新たな「個人情報漏洩罪」の設置に関しての検討案である。頻発する企業の個人情報漏洩を防ぐ目的だが、これも企業の内部告発目的の場合、あるいはメディアへの通報情報を「漏洩」と見なすかどうか、企業に都合の悪い内部情報の持ち出しが、不正な漏洩として処分される怖れはないのか、疑問の残る検討案といえる。

＊ディープ・スロート
内部告発者のこと。アメリカの「ウォーターゲート事件」の情報提供者に用いられた仮称が一般化したものといわれる。

「人権擁護法案」とメディア規制

また今国会で、自民党内部で「出す」「出させない」でもめているのが、メディアもターゲットとされる「人権擁護法案」である。虐待、差別、公的機関による人権侵害と並んで、メディアによる人権侵害が柱とされる法案で、02年に廃案*になった経緯があり、今度はそれが、「メディア条項を凍結」して、国会に提出する運びであった。それが、与党内部から、「人権侵害」の概念が曖昧で、外国籍の人や団体、一部の圧力団体が恣意的に法律をねじ曲げかねないという異論が出て、結局今のところは、膠着状態が続いている。

「メディアによる人権侵害」とはそもそも何を指すのか？　といえば、犯罪被害者やその家族への取材時における過熱過剰過密取材が、問題とされたわけだが、社会的差別や社会問題化している虐待と同列の事柄なのかどうか、大いに疑問といえる。今では、新聞社、放送機関、雑誌社などは、独自の機関を設けていて、ある程度は内部でチェックしている。そもそも国連の規約人権委員会が、日本に警告したのは「日本の入国管理局施設や代用監獄での人権侵害を訴える外国人の声」であり、日本でも国家の権力の外に、「人権擁護機関」を設けるべきだ、という内容だった。それが政府、行政当局によって、国家そのものである法務省の外局に「人権擁護機関を置く」という判断になり、しかも、政府は―国連規約人権

＊「人権擁護法案」の廃案
２００２年（平成14年）、第154回通常国会で、小泉内閣により提出された。

委員会が勧告するような人権侵害は我が国にはない、むしろ、メディアにこそある、日本ではメディアが「ストーカー」まがいの取材手法で、人権を侵害している。これこそが、人権侵害の最たるもの―として、「ストーカー規制法」とそっくり同じ条文で、メディアによる人権侵害禁止法案を作成したのである。

これが、メディアの激しい反対に遭い、今回提出にあたり、「メディア条項を凍結」との方針で臨むはずであったが、先述のように与党内部の思わぬ批判で、未だ提出には至っていない。しかし法案の「凍結」とはどういう事なのか？「凍結解除」は、議員立法でも可能なら、いつでも好きなときに解除できるということで、全く騙し技としか言いようがない。

「青少年健全育成法案」とメディア規制

最後に、「青少年健全育成法案」(旧「青少年有害社会環境対策基本法案」)である。この法案は現在のところまだ国会審議は行われてはいない。与党内部の不協和音があると聞く。しかし、現実には各都道府県の青少年条例、「有害図書」規制条例などのかたちで、規制が強化されつつあるのが実情だ。青少年に「有害」「不健全」という判断基準はどのように決められるのか。何が、どこまでが「有害」で、どこからは「無害」といえるのか。また「健全」「不健全」とは、何を基準に分けられるのか？「わいせつ図画」の法的判断基準のように、明確な規定が必要ではないかと思われる。法案のように、国家が思想信条領域にまで踏み込み、主務大臣の下に「青少年対策協会」を設置し、さらには国の直接の統制機関である「青少年対策センター」を作るとなると、結果的には報道・出版統制につながる。このような趣旨の法案には根本的な疑問を抱く。

一方で、性や暴力に関わるメディアの姿勢は、自らを厳しく問い、自主的に抜本的な対策を打たねばならない現状もある。現実に青少年の保護育成に関してメディアは、社会的責務として、責任ある対応を迫られているともいえよう。出版倫理協議会が第三者機関として5年前から設置している「ゾーニング委員会」*や日本雑誌協会の編集倫理委員会の下での「倫理専門委員会」また、業界横断的組織・出版倫理協議会などは自主的な活動を通じて、業界のあり方を正す具体的な動きといえよう。これらの活動のさらなる進化が計られなければならない。

いまインターネットの世界では、大量の情報が乱れ飛んでおり、そこには多くの重要な情報も含まれている。が、ネットメディアが報道としての価値と信頼を得ているとは未だ言い難い。報道メディアとしては、新聞、放送、雑誌がやはり価値と信頼を得ている三大マスメディアといえよう。もちろんそれぞれの価値と信頼性にはかなりの温度差がある。それぞれの役割は、大衆には大まかに認知されてもいる。確かに報道は、迅速で正確なところに価値があり、信頼も生まれる。

＊ゾーニング委員会
出版倫理協議会（出倫協）に設置されている第三者機関。「出版の自由を守り、青少年の健全な育成をはかるため、出版物の区分陳列による販売をいっそう促進することを目的とした」委員会のこと。

だが一方で、大衆の好奇心は、ニュース報道の裏面にも及ぶ。事件、事故、不祥事などの背景、真相に興味と関心を抱く。その好奇心が、社会的なタブーに挑み、知られざる真相、内幕を抉る記事や写真に喝采を送ることも確かだ。

　このような現実に鑑みても雑誌が担う役割は新聞、放送よりもきわどく危なっかしい側面がある。大衆の雑誌への期待、支持をあえて対立概念で区分すれば、「表面より裏面」「正論より異論」、「常識より非常識」、「賛成より反対」、「同調より批判」などに集約されよう。

　政治の腐敗や堕落、官僚の不正や既得権を暴き、「地位」と「権力」と「カネ」の渦巻く色と欲の世界を白日の下に晒《さら》す—このような雑誌の社会的役割の故に、国家すなわち政府与党は、「何とか規制の対象にしたい」という思いを抱くのもうなずけなくはない。つまり雑誌には、社会の建前を本音でぶち壊しかねない〝危険分子〟的な要素がある。だからこそ今まで見てきたように、「規制」の波が二波、三波と襲いかかってきていて、雑誌全体が、かなり追いつめられた危機的状況にあるといえよう。

メディア規制法案の今後の動向と出版界の課題

＊初出誌
『出版クラブだより』（日本出版クラブの会報）２００７年11月１日号

安倍政権から福田政権へ！

わずか37議席しか取れず、歴史的大敗とまでいわれた２００７年7月の参議院選挙から2ヶ月、めまぐるしい政局の渦中、メディアもまた事態に翻弄されていた。

今後の政局はまだまだ予断を許さないが、臨時国会が再開された直後、「出版メディアと政治、社会の動向」を検証しておこう。

誕生からわずか1年弱しか持たなかった安倍政権だが、強行採決法案が17という数は、祖父の岸信介内閣以来の〝実績〟を残したようだ。「戦後レジームからの脱却*」を旗印に、「教育基本法」の改正、「憲法改正国民投票法案」「社会保険庁関連法案」など次々に戦後を支えてきた基本法に手をつけていった。メディアに対しても『週刊朝日』の記事で朝日新聞社への提訴をはじめ、報道への過剰とも思える批判を加えてきた。

自滅はしたが、安倍政権のメディアに対する姿勢、取り組みから今後の問題点

＊戦後レジームからの脱却
11ページの脚注参照

題点を洗い出しておこう。

を指摘しておきたい。特に出版メディアとの関わりという観点からいくつかの問題点を洗い出しておこう。

「テロ特措法」と「共謀罪」

臨時国会で急務の課題が、「テロ特措法」。

安倍前首相は「職責を賭してでも（継続を）実現させる」と宣言したが、十一月一日で期限が切れるこの法案が国際的に重大なことは言を待たない。が、ここで問題にしたいのが同じ「テロ」対策を謳う法律だが「テロ等謀議罪」、いわゆる「共謀罪」である。こちらの特徴は、刑法の原則を覆しかねない問題を内包している点にある。つまり、簡単に言えば、実行行為の伴わない、ただ話し合っただけでも罪になるという法律で、近代刑法の原則＝「罪刑法定主義*」に反するものといえよう。「テロ行為を疑われるような謀議をしていた」――とされれば、刑法犯として逮捕されてしまうわけで、「犯罪」を予防的に防ぐ名目で拘束、拘禁する戦前の悪法「治安維持法」に類する法律とさえ一部で指摘され、「平成の治安維持法」と称される所以でもある。

この法律の成立を春の通常国会で宣言していたのが安倍前首相で、政府自民党と公明党で3分の2を握る衆議院での成立を目指していた。07年秋の臨時国会でも議題に上がる可能性は十分予想された。そこで福田内閣ではどうか？　小泉か

＊罪刑法定主義
刑法上の原則の一つで、「どのような行為が犯罪とされ、どのような刑罰が科せられるべきか」、具体的な犯罪と刑罰が、事前に立法府によって規定されていなければならないという考え方。

ら安倍そして福田へ、同じ派閥で小泉以来の政治姿勢の継承を見れば、おそらく何らかの手は打ってこよう。

「治安維持法」となると、出版関係者なら戦時中の冤罪事件「横浜事件」を想起される方が多いことであろう。「横浜事件」とは、当時の特高警察のでっち上げ事件の総称で、岩波書店をはじめ中央公論社や日本評論社、雑誌『改造』の編集者など出版関係者を中心に数十名が逮捕拘留され、拷問に次ぐ拷問で、四名が獄死、一名が戦後に亡くなり、戦時中の最大の言論弾圧、拷問虐殺事件として、多くの記録や本が残されている。元被告による再審裁判の請求が、戦後何度も起こされたがすべて棄却。最近でも横浜地裁は請求に際して「免訴」の判断を下し、東京高裁は結果的に門前払いにしてしまった。現在、最高裁に上告中である。しかし、戦後のどさくさに紛れて裁判資料が消失したとか、「治安維持法」そのものが消滅したのでもう判断できない、とかいう司法の見解には納得できるものがない。戦後すぐの時期に、拷問に加わった特高幹部の3人*が〝虐待拷問でっちあげ〟の罪で有罪とされているのに、その裁判が裏付け証拠にならないなら、もうこれは国家による犯罪といえないだろうか。

9年前の98年の参議院選挙での大敗後に、何が起こったか

安倍前首相の残したさらなるメディアへの対応策、自民党サイドの立法的措置

＊特高幹部の3人
横浜事件で拷問に加わった特高警察官には、戦後の裁判で有罪の判決が下るが、平和条約発効時の大赦により全員免訴となり、収監されることはなかった。

に触れる前に、いわゆる「メディア規制」の引き金となったといえる9年前の参議院選挙に触れておこう。今回の参議院選挙と同様に自民党の惨敗選挙として報じられることが多いのが、橋本内閣の下でのこの選挙だ。自民党が四十四議席しか取れず、橋本首相が退陣、後継に小渕首相が選ばれることになる。

経済の失政が敗北の原因とされたが、自民党議員の中に根強くあったのが、「原因はメディア報道にある」という意識であった。その証左が、翌年8月11日に出された一通の「報告書」である。この報告書、正式には『報道と人権のあり方に関する検討会報告書』というもので、選挙の惨敗を受けて急遽、自民党政務調査会内に設置された検討会(座長は谷川和穂議員)がまとめたものだ。

参院選挙の惨敗を受けて99年3月から8月まで、日本雑誌協会をはじめジャーナリストや新聞記者、学者、弁護士、報道被害者等のヒアリングを十回ほど行い、その結果を文書化したもの。この内容に、いわゆる「メディア規制三法案」と称される政府与党によるメディアへの管理、統制の基本理念、思想が記されている。わずか8頁ほどの『報告書』だが構成はまさに「規制」を念頭に置いたものなので、当時は話題にもなり一部で問題視されたものだ。自民党の参院選惨敗後の〝方向性〟を知る上で福田内閣でも考えられる方策にも通じ、極めて重要な意味を持つと思われるので、あえて少し詳しく触れておこう。

『検討会報告書』は、まず、Ⅰ「総論」として、次のように述べる。

Ⅰ　「総論」

「最近、報道によって引き起こされる人権侵害の窮状や報道被害者救済の必要性等についての国民の批判、要望は急速に高まっており、加えて、記者のモラルの低下を如実に示す事件が連続して発生し、今、マスコミは危機的状況に直面していると言っても過言ではない。われわれは、報道による人権侵害に対処するために、政務調査会内に、『報道と人権等のあり方に関する検討会』を設置し云々」と、続くのだが、メディアによる人権侵害は目に余る事態と憂慮しつつ、実は政治家の不祥事やスキャンダルがメディアに取り上げられたことを何とかしなければという思いが重なり、とんでもない対処の方向性を打ち出す。安倍前内閣の閣僚の相次ぐ不祥事、金銭的だらしなさ、メディア批判にも相通じるものがある。

その方向性が以下のような内容である。

Ⅱ　「あるべき方向性の提示」では、

1　映像メディアのあり方

2　活字メディアのあり方

3　国民参加によるチェックシステムの確立

4　司法による救済のあり方

5　法的措置の検討

に分けて大胆な提示をしている。

1　映像メディアのあり方

「映像にはテレビに代表される映像メディアの圧倒的情報量、速報性、他の追随を許さない利便性を有している」とした上で、「その特殊性により視聴者をミスリードし易い側面があり、一旦そのような報道があった場合は、影響力、伝達力による報道被害は計り知れない甚大なものとなる」とし、「過剰な視聴率競争や報道番組のワイドショー化、番組制作会社への委託による責任の所在の不明確化を問題」とした上で、大胆にもこう続ける。

「ニュースキャスターの発言のあり方の問題等、多くの事柄が指摘されていた」と、その事例として「テレビ朝日の椿報道局長発言」や「同じくテレビ朝日の所沢ダイオキシン報道」をあげ、第三者機関の実効性、機能の充実を図るように命じる。

雑誌記事の民事訴訟での高額賠償を提言したのも、この『報告書』

さらに、

2　活字メディアのあり方

「活字メディアは必然的に発行部数を競う商業主義的な傾向を持つため、扇情的なタイトル、不確かな憶測記事などで人権を侵害するケースが後を絶たない。特に発行部数の多い大雑誌は、新聞以上の紛れのないマスメディアであるにも拘わらず、その意識が薄いように思われる」と断じて、「これらの媒体に訴訟事件が集中し（中略）その過剰取材には大きな問題が指摘されているところである」と決めつけた上で、映像同様に、自主的なチェック機関、苦情処理機関の設置を強く求めてくる。そして「映像にも増して記者の資質が問われる媒体なので、徹底した記者教育を望むものである」と結ぶ。

次には、

3　国民参加によるチェックシステムの確立

ここでは侵害される国民の力が弱いことを訴え、「行き過ぎた報道を監視する国民的ネットワークの確立を検討すべきである」と提言する。

4　司法による救済のあり方

これが裁判における高額賠償訴訟の引き金になる一文で、この提言を受けて、国会の法務委員会の席で、最高裁判所による損害賠償訴訟の見直しが進められることとなる。ではどのように提言しているか見てみよう。

「…名誉毀損などの賠償額についても、一般に『100万円訴訟』とも言われているように、欧米諸外国に比べて極めて少額なものとなっている。（略）このためメディアへの抑止効果を高める意味から、また、賠償額が、報道による人権侵害の深刻さや民意・世情を反映したものであるべきこと等を考慮し、そのあり方を検討なさるべきである」さらに続けて「謝罪文掲載命令」「反論文掲載命令」も前向きに検討されるべきで、「裁判所・司法関係者の英断を強く望む」と結ばれている。そして具体的な法案内容に及ぶ。

5　法的措置の検討

「(略) 今後の状況を見守りつつ、ＥＵ諸国に見られるような、裁判所の明確な法的根拠となる総括的な『プライバシー保護法』あるいは『人権保護法』的な法的整備を推進する必要がある。」

そして最後に、

『メディア規制三法』のひとつ、「人権擁護法案」の立案が窺える提言である。

Ⅲ　結び

「(略) われわれが望むものは、いたずらな争いでもなく、また弾圧的な規制強化を意図するものでもない。それは、高い報道倫理に基づく各メディアの自主的な規制による人権侵害の回避にある。報道メディア各社においては、巨大な権力を保持している事、また、現状の延長線上にはマスコミ危機が存在する事を自覚し、自らの積極的な改革を望むものである。(略)」

このように結論づけている。

第四の権力＝マスメディアをどうコントロールするかが命題?

少々長い引用になったが、ここには今問題になっている「メディア規制」のほとんどすべてが記されていると思われるので、その部分をあえて抜き出してみた。

当時、政府自民党は、参議院選挙の敗北の主たる原因をマスコミによる一方的な政治家への人権侵害、政府批判にある、と見ていることが明瞭に理解できる。そして小渕内閣の下で、続けざまに立法されるのが「国旗・国歌法」「通信傍受法」「改正住民基本台帳法」などの自民党の懸案の法律で、これらは、反対勢力を数の論理で押さえ込むかたちで成立する。まさに強行採決で「戦後レジームからの脱却」を目指した安倍前内閣を彷彿とさせる。「国旗・国歌法」などは、罰則なしで形式的な法律と称しながら、その後の運用では、従わない教職員や公務員には、都道府県条例が適用されたりして、〝君が代神経症〟なる教員のこころの病まで作り出す始末。

「通信傍受法」は、犯罪捜査に限定されてはいるものの、憲法21条の2項「通信の秘密は、これを侵してはならない」の条項を簡単に踏み越えてしまい、いとも簡単に成立してしまう。また、「改正住民基本台帳法」といえば、このために作られたのが「個人情報保護法」。国や地方自治体の公務員の情報漏洩を防ぐとともに、民間の個人情報管理の法律を作る必要性が叫ばれ、包括的な個人情報保護法制定につながったわけだ。しかし、この法案を巡っては、メディア規制法だとして、新聞、放送、出版、通信などマスメディアで強固な反対運動が起こり、ついには基本原則を廃止に追い込み、さらにメディアへの適用除外規定を盛り込んで成立となった。だが、出版社は法案の「適用除外」条項には明記されず、衆参両個人情報保護法特別委員会の「附帯決議」に記されたのみであった。結局、この法律の影響は、事件や事故の取材での制限、公務員の不祥事の個人名の非公開、実名報道の原則が匿名報道になるケースの増加などなど、結果的には報道規制を招いている。今年の法案見直しの審議会でも「見直すには及ばない」との結論で、まさに個人情報封鎖状況は続いている。

また、「メディア規制三法」とされる「人権擁護法案」は、自民党の提言どおり、法案は作成されたにも拘わらず、自民党内部から「外国人や特定の団体に悪用される怖れがある」という理由で、棚上げ状態になっている。「人権」という誰も反対できにくい〝錦の御旗〟を掲げながら、いわば自家撞着に陥ったわけだ。しかしこの法案のメディア規制条項は、まさに規制のための規制としか言い様のないもので、「ストーカー規制法」とそっくりな条文もあり、取材の張り込みや方法を事細かく制限するものであった。メディアの取材による人権侵害行為と称するものは、差別、虐待、国家による人権侵害と同列に論じられていて、その判断運用を、法務省に属する組織が行うという仕組みで、まったく本末転倒したものであった。本来、このような役割は、国家と離れた第三者機関が運用するのが常識と思われるが、そうではなかった。

もう一つの規制法「青少年有害社会対策基本法」はといえば、法律そのものの曖昧さ、概念の不明確さから、与党公明党の反対で、国会審議にも入らず、現在は「青少年健全育成基本法」として、検討されている。しかし、「有害社会対策」

や「健全育成」といった曖昧な概念の法律は、結局、拡大解釈の温床となることは目に見えている。この法律がなくても、各地方自治体には、有害、不健全対策条例が作られていて、雑誌や書籍、ビデオ、DVDなどが各自治体の取り締まりの対象となっている。

「裁判員制度」は事件報道を封じ込めないか

さて、安倍前政権のマスメディア、特に出版メディアへの〝規制〟の問題点だが、たとえ安倍政権が崩壊しても実施が決まっている法律がある。「犯罪被害者の法廷参加制度」と「裁判員制度」である。

2008年秋に実施が見込まれているのが、「犯罪被害者の法廷参加制度」で、刑事裁判の法廷の検事席に検事と並んで立ち、被疑者に訊問や求刑までできる制度である。犯罪被害者の救済に際しては、すでに犯罪被害者救済の基本法が出来ているが、実名か匿名かの判断が、警察の判断にゆだねられるということで、メディアの取材には大きな制限がかけられることになる。さらに法廷の取材や被害者の人権を配慮したメディア規制が行われる可能性は大きい。

2009年5月までには、「裁判員制度」が実施される。この制度の問題点は、裁判員に選ばれる一般市民に、裁く事件への予断や偏見を与えないように、メディアの事件報道に規制を加えることにある。自主規制という名の規制で、現在、最高裁判所と新聞協会の間で、論議されている。対象となる刑事事件は全国で年間3500〜3800件くらいといわれるが、各事件の裁判員は職業裁判官3名に一般市民の裁判員6名となっている。しかもその裁判員の選考はあらかじめ数十名を呼び出しその中から面接で6名に絞ることになるようだ。その基準に、対象事件への先入観や予断、偏見の有無をみるという。新聞やテレビ、雑誌に掲載されるような事件も多く、その際の報道のされ方によっては、事件への先入観を抱きかねない、とみているようだ。そこで、事件報道に対しては余計なことを報じることは困る、として、犯罪被疑者の前科前歴、生い立ち、近所の評判、自白内容、状況証拠に類するもの（音声分析、科学調査など）、有識者のコメント等についての報道を控えるように要請がなされている。しかしいまのところ、最高裁からは、雑誌やテレビのワイドショーには何ら協議が申し込まれていない。結局、週刊誌やワイドショーを好む市民は、裁判員から外されることになりそうだ。まだ真偽はわからないが。

＊

今までみてきたように、福田内閣でも懸念すべき施策がてぐすねを引いて待ちかまえている。さらに「改正放送法」「著作権法改正」「児童買春・児童ポルノ処罰法改正案」なども目が離せない。

出版メディアを取り巻く政治と司法の重〜い空気と「枷《かせ》」

＊初出誌『出版ニュース』２００７年４月中旬号

刑事訴訟法の改正と「裁判員制度」

２００８年、09年と日本社会に大きな変化をもたらす法律が施行される。

まず08年９月には刑事訴訟法の改正で、法廷に犯罪被害者が検事と並んで立ち、犯罪加害者（容疑者）に尋問や求刑を行うようになる。続いて09年の５月までには、「裁判員制度」が開始され、無作為に選ばれた６人の一般市民が、３人の裁判官とともに、刑事裁判で、有罪か無罪か、懲役何年かの量刑まで決めることになる。

これらの対象になる犯罪と言えば、刑事事件である。事件となるとその報道が問われる。犯罪事件報道のあり方、つまり匿名か実名か、事件の背後に何があるか、被害者や加害者の人間関係はどうだったたか、さらには集団的過熱取材や被害者の人権などなど、一つひとつの事件に関する情報量や問題点は多い。当然の事ながら、重大な法律施行を控えたこの時期、司法や行政は、各メディアの「事件報道」にことさら神経を尖らせている。

このような背景の下、出版メディアでは06年暮れから07年にかけて、出版差し止めが相次いだ。法廷での決定に関わるものをあげると、06年12月21日角川書店の『東京アウトサイダーズ』で、掲載写真の一部に著作権侵害が認められ、その写真を外さない限り、増刷できないことになった。07年に入り1月18日東洋経済新報社の書籍『再分配とデモクラシーの政治経済学』に論文の無断翻訳掲載の指摘がなされ、判決では、著作権や著作者人格権侵害を認め、販売差し止め及び在庫破棄を言い渡した。1月23日今度は新潮社の文庫『殺ったのはおまえだ―修羅となりし者たち、宿命の9事件』が、掲載事件のひとつに受刑者の名誉毀損が認められ、名誉毀損カ所を残したままの販売と増刷を禁じる判決が出された。

差し止め内容は、著作権や民法の不法行為責任など違っていても、裁判所による書籍の販売差し止めの決定がこんなに連続することは未だなかったこと。特に、新潮社の文庫本の差し止めは、判決に沿った法的な見地からすれば法理にかなっているともいえるが、事件の背景を辿った記述内容からして名誉毀損にあたるか否か、判決そのものに疑問を残すともいえよう。

ちょうどそんな折、筆者の身近な雑誌でも「特集記事」を巡って、東京地裁に差し止め請求がなされた。すぐに両者の審尋《しんじん》(裁判所が双方の当事者=代理人弁護士などに問いただすこと)が2日間にわたって行われ、今回はようやく和解に持ち込めた。もし決裂すれば、裁判所の判断となり3年前に差し止めがなされた『週刊文春』のケースのようなことも起こりえた。雑誌、特に週刊誌の場合一刻を争うケースだからこのような差し止め請求がなされると、緊迫した交渉となる。今回のような「差し止め請求」はそう度々出されることはないが、訴訟社会化している時代を反映してか、それほど珍しいことではない。

雑誌メディアと高額賠償判決

またここにきて雑誌メディアに対しては、高額賠償判決が相次いでいる。特に事件報道での週刊誌に対する名誉毀損での損害賠償額は一段と高くなっている。一例を挙げるならば、中国人留学生らによる福岡一家皆殺し、死体遺棄事件では、疑われた親族からの名誉毀損訴訟で、地裁・高裁判決で出された慰謝料の額は、新潮社770万円、講談社800万円、文藝春秋1100万円と軒並み高額となっている。また事件とはいえないが、政治家や有名人に対する判決も一段と厳しくなり、小学館の『週刊ポスト』の政治家に対する名誉毀損判決では、請求額1000万円に対して500万円と要求どおりの謝罪文掲載が命じられている。

さらに「週刊文春」の記事では、全くの匿名（国会議員X）で報じられた元衆議院議員が、訴えを起こし、裁判長は「Xが原告を指すと認識できた人物が相当数いたと推認できる」として、100万円の支払いを文藝春秋に命じている。

こうしてみてくると、司法による書籍・雑誌メディアへの判断の厳しさがわかる。今から7年ほど前、与党である自民党と公明党がタッグを組んで、国会で問題提起して、最高裁に働きかけ、雑誌メディアの名誉毀損、損害賠償慰謝料額を一挙に500万円～1000万円にあげさせた。政治家や芸能人、スポーツ選手などの有名人に対する名誉毀損訴訟での判決が一斉に跳ね上がり、『週刊宝石』(光文社)、『フォーカス』(新潮社)、『噂の真相』などの著名な雑誌が、休刊を余儀なくされた経緯は記憶に新しい。一時期落ち着いたと思われたこのような断罪的な判決がまたここにきて復活してきた感がある。司法当局の狙いが、雑誌の事件や犯罪報道姿勢へ楔を打ち込むことにあるのではないか？　とする見方は、あながち的はずれとも思えない。

さらに追い打ちをかけるように、06年の通常国会で電撃的に成立した法律がある。その法律は07年6月実施で、メディアへの配慮は一応なされているものの、実施後の影響は読み切れない。いわゆる「探偵業法」と称される法律がそれで、警察出身の議員などわずか3名による議員立法で成立したものである。

この法律の問題点をあげるならば、まず、探偵業務が、メディアの取材と重なるところが多く、調査聞き込み、張り込み、尾行追跡、隠し撮り、データ入手・分析などなど現場取材、調査報道などそっくりそのまま当てはまる。そこで、同法2条2項には「(略)ただし、専ら、放送機関、新聞社、通信社その他の報道機関の依頼を受けて、その報道の用に供する目的で行われるものを除く」とある。しかしこの条文には、出版社、フリーライター、作家などは明記されていない。「個人情報保護法」の適用除外規定と同じ文言がそのまま記されている。しかも「報道」の定義も同じで、「報道とは、不特定かつ多数の者に対して客観的事実を事実として知らせることをいい、これに基づいて意見又は見解を述べることを含む」としていて、「客観的事実かどうかわからない段階での取材行為や調査活動はどう判断されるのか?」この点が定かではない。「個人情報保護法」が施行されて以降、適用除外が何ら意味をなしていない取材現場の状況報告は、枚挙にいとまがない。

事件や事故の現場取材で直面する「それは個人情報だから教えられません」という反応は、日常化していて、いまや、名簿や連絡網さえ満足につくれない事態が発生している。しかしここでは、この「探偵業法」が、もたらすさらに問題とされる点に触れておこう。それは、探偵業が国家公安委員会への登録制になることだ。公安委員会は、探偵業者への立ち入り調査権や営業停止命令、営業廃止命令まで行える。つまり公安委員会は、登録した探偵業者の問題案件はすべて把握できることとなる。これではメディアが依頼した調査情報が公安委員会に筒抜けになってしまう。放送局や出版社で、調査を探偵業者に依頼しているケースはけっこう多い。一応、条文や附帯決議で、メディアはすべて除外規定が設けられているとはいえ、この法律のシステムはさまざまなケースでメディア活動に抵触してくるといえよう。

「共謀罪」とメディア規制

そして「共謀罪」である。正式には「組織犯罪処罰法改正案」というが、国際的なテロ犯罪を未然に防止する目的で、各国が協力してそれぞれの国で法制化する建前の法律だ。その法律のどこが問題か？というと、〝未然に防ぐ〟ために、「懲役・禁固四年以上」の犯罪は、すべて対象となり、共謀つまり話し合っただけで実行行為が伴わない犯罪を取り締まることになりかねない。いわば、予防的に拘禁する、その対象となる犯罪はなんと615にも及ぶ。

一般市民でも、何かよからぬ犯罪類似行為と目されれば、計画、立案、思いつきを話し合っただけでも逮捕されることになるわけだ。そこで自民党では、2007年2月、この対象犯罪を絞り込み、テロ、薬物、銃器、密入国、人身売買、やくざ・マフィアなどの犯罪組織を対象にした百五十前後の犯罪に限定した修正案をまとめた。

法案名も「テロ等謀議罪」に変更するようだ。安倍内閣ではこの修正法案の今国会での成立を目論む。しかし、国際テロ組織と称される集団の中には、民族自決の解放組織や宗教的な弾圧に抗する組織もあり、一概に何がテロ犯罪になるのか決めつけられないのが国際社会の現実でもある。ロシアのチェチェン紛争の現実やアフリカ、中南米の民族自決闘争を引き合いに出すまでもあるまい。また日本国内でも刑事罰の対象になる行為に対して、拡大解釈が懸念される。

たとえば、テロ犯罪予備行為と判断されて、それが謀議段階でしかも背景に危険思想の持ち主の集団云々とされると、なにやら戦前の「治安維持法」を思い起こさせないだろうか。結局、憲法に保障された集会、結社、思想、表現の自由に「テロ謀議」の名目で介入を許す法律にならない保証はない。

思想犯の予防拘禁で思い起こすのが、戦時中に、中央公論、改造、日本評論社の編集者などの出版人や新聞関係者約60名が投獄され、4名が獄中拷問死した「横浜事件」(複数の事件の総称)である。無罪を求めて遺族が再審請求をしたにもかかわらず、2006年、横浜地裁で「免訴(対象となる法律の廃止で、有罪か無罪かの判断をせず裁判そのものを打ち切ること)」の判決が出され、さらに東京高裁も門前払いの判断をして、冤罪の名誉回復に対する国家の壁を実感させられた。この「横浜事件」で投獄された罪名が「治安維持法違反」である。

戦後、拷問を行った特高警察の3名が有罪判決を受けたにもかかわらず、名誉回復さえ認めない裁判所の判断は恐ろしい。

国家という権力はその体制維持のために言論機関に対してどのように介入してくるのか、この歴史が教えてくれている、それも取り返しがつかない多大な犠牲を払って。

「憲法改正国民投票法案」と「表現の自由」

さらに07年の国会での目玉とされる法案のひとつが「憲法改正国民投票法案」である。日本国憲法第96条「憲法改正の手続き」に沿って、「改正手続き法案」を成立させるというもの。与野党の審議は進んでおり、その気になればすぐにでも国会審議にかかり、成立も可能な法案だけに政治的駆け引きに翻弄される事態はおかしいともいえる。ところがこの法案、もともとの与党案には憲法改正に対する虚偽、偏見、歪曲報道の禁止を謳っていた。それが、新聞、放送、出版それぞれの国会参考人招致できっぱり否定されたため、その条項を断念した経緯がある。つまり、憲法改正の手続き法そのものに、憲法21条「言論・表現・出版の自由」に直接関わる問題を内包していたともいえる。

しかしまだ「表現の自由」との兼ね合いで問題が残されている。それは、「賛成」「反対」のコマーシャル放送、意見広告掲載問題だ。衆議院の「憲法調査特別委員会」でも、国民投票法案投票日の二週間前からCMを禁止するか、発議後はすべて禁止するか、または配慮規定を設けるか等の案が出ていて、現在でもその調整が行われている。いずれにしても安倍内閣が憲法改正を前提にした「国民投票法案」成立にあまりに拙速な感は否めない。4月中旬には与党単独で採決してしまう方針が打ち出されているが、すべての言論機関が関わる事態だけに、党利党略を超えた主権者・国民のための憲法改正国民投票法案を審議し尽くすべきだろう。

行政的締め付け、行政・司法の圧力

その他出版メディアへ直接関わる判決かどうか論議が分かれるところだが、話題になっているのが「期待権」判決である。ＮＨＫの番組を巡って、取材を受けた市民団体が、番組の趣旨が放送直前に改変されたとして、損害賠償を請求したものだ。裁判では原告側の主張を認めて、ＮＨＫに２００万円の損害賠償の支払いを命じた上で、裁判長は、極めて限定的ながら「特段の事情が認められる場合は、取材対象者の期待と信頼は法的に保護される」という趣旨の判断を下した。被取材者（取材対象者）の期待権となると、政治家や高級官僚などの公人がこの「期待権」を盾にして、取材内容に立ち入り、表現の自由を侵害する怖れは十分考えられる。自分の期待に添わない取材には応じないなどのケースさえ予想できる。そうなると報道への信頼は、脅威にさらされかねない。今回は、公共性の高いＮＨＫの番組固有の判断で、極めて限定的な措置、判決と思われるが、政治腐敗追及番組や記事によっては、拡大解釈されて政治家に自己都合的な論理を振り回されかねない危険性もある。

さて以上述べてきたように、出版メディアを取り巻く政治や司法それぞれの動きは予断を許さないし、決して甘くない。

先日、日本新聞協会の編集委員会に最高裁判所の事務局から「（事件報道の）自主ルールをつくる約束はどうなっているのか」という申し入れがなされたと聞く。「裁判員制度と事件報道」について両者の合意がなされているのかどうかは知らない。しかし、２００４年（平成16年）に成立した「裁判員の参加する刑事裁判に関する法律」（裁判員法）の条文には、対象となる事件報道に対するメディア規制の条文は設けられていない。その裏には一説では新聞協会が、放送や出版も含めたメディア全体の事件報道に対して、裁判員に予断や偏見を生じさせないようなルールをつくる了解があったはず、という。最高裁判所の思惑と新聞協会の立場がお互いに都合がよい解釈をしていたふしもありそうだ。

２００６年から07年の初めにかけて発生した猟奇殺人・死体遺棄事件（二件のバラバラ殺人事件）の雑誌報道に対する異例の警察発表、記事に対する警告を見ても、司法・行政の「事件報道のあり方」への危惧が読み取れる。出版メディアへの高額賠償判決、事件報道規制、新たな立法措置など、今後の国会・政治動向、法的締め付け、行政、司法の圧力を予想せざるを得ない。

ここにきての雑誌の部数減少に加えて、この現実も過酷である。

最高裁判所が「言論・出版の自由」に公然と「イエローカード」

「裁判員制度」が封殺しかねない事件報道への「縛り」を問う！

＊初出誌　『出版ニュース』２００７年12月上旬号

裁判員制度と表現の自由

２００９年5月までには実施が決まっている裁判員制度をめぐって、最高裁判所とメディアとの間の事件報道規制問題が大詰めにきている。しかし、公権力の意向は強く、このままでは取り返しがつかない事態になりそうだ―。

「雑誌の事件記事はほとんどすべて現場取材によります。新聞や通信、放送のように警察庁や検察庁の記者クラブはないし、警察・検察からの情報もほとんど入りません。社会的に重大な犯罪や事件もその第一報を受けて、原因究明や内幕取材をするのが雑誌の真骨頂です。裁判員制度の実施にあたって、最高裁判所が裁判員への予断と偏見に結びつく事件の被疑者への取材は自主規制して欲しいというのは、まさに言論そのものへの介入以外のなにものでもないし、事件報道の封殺につながります。日本雑誌協会では編集倫理規定以外に、事件報道であらたな自主ルールを作るつもりはございません」

――日本雑誌協会の一員として私がこう発言したのは、マスコミ倫理懇談会全国大会の分科会で、日本新聞協会、民放連に次いで、裁判員制度（正式には「裁判員の参加する刑事裁判に関する法律」）の下での事件報道への対応を問われた時のことである。

２００７年９月下旬、福井市で、第51回マスコミ倫理懇談会*全国大会が開かれた。マスコミ倫理懇談会とは、日本中のほとんどの新聞社、放送局、通信社、それに大手の出版社、広告会社、映倫などマスメディア２２４社が加盟している全国組織で、主に報道と広告の倫理に関わる問題を取り上げて、協議する組織体。大会は昭和30年代初頭から今日まで毎年開かれており、最近では「メディア規制に対してどのように対処するか」、「ネット社会における報道、広告のあり方はどうあるべきか」など、今日的なテーマを論じてきた。今年はメディアへの厳しい批判が相次いだ年で、「再確認！市民の目線　メディアの目線」がメーンテーマに掲げられた。その中心議題が「公正な裁判と報道」ということで、09年の5月までには実施となる「裁判員制度と報道のあり方」が論議の対象となった。そこで、この論議のテーマに沿った問題提起をしてもらうため、最高裁判所から刑事局総括参事官・平木正洋氏と大阪弁護士会所属の弁護士・西村　健氏にゲストスピーカーとして参加してもらった。冒頭の私の発言は、この2人の講演を受けたかたちのもので、2人の発言内容に入る前に、そもそも裁判員制度とはどのようなものなのか、かいつまんで説明しておこう。

*マスコミ倫理懇談会
１９５５年にマスコミ各界を横断的に結ぶ組織として「メディアの倫理向上と言論・表現の自由の確保」を目的に創設された懇談会。全国10地区の懇談会と、新聞、放送、雑誌、広告など9団体とで構成され、毎年、全国大会を開いている。

２００９年5月までに、日本中の指定された裁判所で刑事裁判の第一審を裁判官3名に6名の裁判員を加えた9名で審理し、有罪か無罪か、有罪ならその量刑まで決めるというもの。対象となる事件は殺人事件や放火事件、強盗傷害事件などの重大事件で、毎年３５００件から３８００件くらいの事件が裁判員裁判の対象となる。裁判員には日本国籍を有する20歳以上70歳以下の一般の市民の中から選ばれる。その具体的な選出方法や面接方法はまだ確定はしていないが、あらかじめ数十名の候補者が選出され、裁判官や検察官、弁護士の面接を受けた後、最終的に抽選で6名が選ばれることになるようだ。また、裁判員や裁判員に欠員が出たときの補充裁判員にはほとんどの職業や性別は問われない。しかも選出されたこの6名の裁判員には評決事項の守秘義務が生じ、違反者には懲役刑や罰金刑の罰則が課される。

ところが、法律の実施が迫っているにもかかわらず、今ひとつ国民の認識は深まっていないのが実情。ある新聞社の調査では「あなたは裁判員に選ばれたいか否か」を問われると、70から80パーセントの人が「出来ればやりたくない」「全くやりたくない」と答えている。それほど、人気がない。その理由は、死刑を含む量刑まで決めなくてはならない心理的重圧や、集中審理の裁判とはいえ、数日間は拘束されて仕事に支障が生じる点などだろう。10月末、法務省は裁判員を辞退できる理由に、転居や出産前後、介護、経済上重大な不利益などを例示した法令案をまとめた。またその翌日の新聞各紙には最高裁判所、法務省、日本弁護士連合会の連名で、一ページ大の全面広告を掲載し裁判員制度への不安をなくす「アピール」を掲げている。曰く「多くの場合、裁判員の仕事は3日以内で終わる」「証人や被告人の話をきいて判断する。大量の書類を読むことはないし、法律知識も不要」「裁判員には、交通費と一日1万円以内の日当が支払われる」などのキャッチコピーのような単文がタレントの上戸彩の愛くるしいポーズとともに謳われている。法務省や最高裁判所がいまや躍起となって裁判員制度の浸透を図っているさまが全面にあふれている広告である。しかし、制度の内容があまりに単純化されていて、簡単に済むような表現に、かえって「重大事件の判決にこんなに短期間で、しかもいとも簡単にできるように紹介されていて、果たして死刑とか無期懲役とか決められるのだろうか？」という不安が増すのは、私だけだろうか。いずれにしても国民への浸透はまだまだお寒い限りだ。

「裁判員制度」とメディアの様々な問題点を指摘する前に、冒頭の私の発言につながったスピーチに触れておこう。まさに雑誌メディアの死活問題になりかねない司法の「要望」なので、しっかり指摘しておきたい。

被疑者の周辺取材はダメ？

マスコミ倫理懇談会全国大会の席上、最高裁・平木参事官は、裁判員制度実施に際して、メディアの事件報道に関して公然と次のような6項目の要望を示してきた。

一　捜査機関から入手した情報、事件の概要、自白の内容等をそのまま報じない。
二　犯罪被疑者の弁明や弁解内容に「ウソ」「不合理」という指摘はしない。
三　犯罪被疑者の犯人性―指紋や足跡、ＤＮＡ鑑定などの科学的捜査内容には触れない。
四　犯罪被疑者の前科前歴、過去の類似の行為などは書かない。
五　事件の背景や犯罪被疑者の生い立ち、対人関係、近所の評判などは報じない。
六　事件や犯罪被疑者に関する識者のコメント、専門家の論評を掲載しない。

平木参事官はあくまで私見という断りを入れての発言だったが、「要望」の内容は、最高裁判所と日本新聞協会との協議で示された最高裁事務局の提案とほぼ同じ内容である。一から六の事件報道への「要望」とされる「事例」には「松本サリン事件での河野義行さんを誤認捜査した情報たれ流しの教訓」や「北海道・東京連続の少女監禁事件での被疑者の前歴報道」「東京の歯科医宅で発生した兄による妹バラバラ殺人事件での生い立ちや人間関係の報道」などが上げられた。

平木参事官は「被疑者は推定無罪ですから裁判員になる方に事件に対する予断

や偏見、先入観を与えるような報道は極力避けていただきたい」と明言し、さらに「裁判員裁判はあくまで証拠主義ですが、マスメディアの報道如何によっては裁判員の方々は自分の判断を左右されかねないから」とも付け加えた。

同じくゲストスピーカーとして参加した日弁連の西村弁護士も、マスメディアの役割に「権力行使のチェックの重要性」「表現の自由」「報道の自由」を強調しつつも、「裁判員制度」の公平な裁判への期待を掲げ、被疑者推定無罪のシステムとして、マスメディアの事件報道のあり方は「自主ルールを作るべし」と発言。さらには「マスメディアは自己検証のための第三者機関の創設を」とまで要望してきた。

裁判員は「赤紙」召集の声も

「お二人（平木参事官と西村弁護士）に取材費を渡しますから、この6項目の要望に添って重大事件の6ページの記事を書いてみてください」

冒頭の発言に続けて、私はこのように述べた。最高裁の「要望」に従ったら、事件報道はほとんど不可能に近くなるという思いから出た言葉であった。

これに対して「記事作成はあなた方の専門分野で、私が書くわけにはいかないでしょう」─平木参事官はやんわりと拒否。しかしこれでは事件報道の基本である事件現場の取材や身辺取材、周辺状況取材、証拠の信憑性の取材などなどすべてが記事に出来なくなる。重大事件を取材した編集者やライター、記者経験がある人はもちろん、メディアに関わる人ならこのような「要望」が、言論そのものへの規制につながることは十二分におわかりだろう。

ところがこのような「要望」に対して、新聞協会は「年内を目安に自主ルールを作成中」とのこと。果たしてどのような自主ルールなのか？　報道機関の自主自律、「国民の知る権利」に応えるメディアの役割を失わずに、どのようなルールが作れるのか、ちょっと予測がつかない。

ここではっきりさせておきたいことは、日本雑誌協会は、開かれた司法制度に反対はしていない。裁判員制度の法制化が拙速すぎて、民意を反映していないことや国民＝一般市民を動員するには制度そのものに検討の余地が多々ある点、まして、事件報道への縛りとなると論外だという趣旨で意見書や声明文を出してきた。また一部の司法関係のＯＢや法律学者が盛んに指摘しているように、裁判員制度そのものが憲法違反という側面も見逃せない。ある元裁判官は国民が裁判員に選任されることを〝現代の赤紙*〟とまで形容している。

「推定有罪」の仕組みがある

事件は社会を写す鏡という。まして重大な事件となると社会的な影響はもちろん一般市民の関心も高く、マスメディアの報道の意義も大いにある。その事件の

＊赤紙　戦時中に、軍から出された「召集令状」の俗称

被疑者に対する予断、偏見、先入観などは、まず捜査権限のある警察、検察の捜査段階での情報が、最も重要となる。従来から言われているように、記者クラブを通じた情報操作、「推定無罪」とは正反対の「推定有罪」の情報リークこそがまず問題だろう。つまり当局によって、逮捕した被疑者を起訴に持っていくため、犯人視報道に結びつくような情報の意図的流出がなされて、それを新聞や放送が報じることにより、被疑者が犯人という世論形成がなされることになりかねない。雑誌やテレビのワイドショーにおける事件報道の問題よりまず行うべきは、現在の〝推定有罪システム〟で動いている警察・検察の捜査、訊問、証拠調べ、科学的な検証などのあり方であり、記者クラブへの意識的な捜査情報の提供ではないだろうか。現在、刑事裁判では、起訴された事件の99・8パーセントが有罪となっている。しかし、富山や鹿児島のでっち上げ事件*のような冤罪事件も明らかとなり、警察の取り調べの可視化、つまり取り調べ状況を公にして第三者に証明できるように撮影、録音等をするシステムの採用も論議されている。裁判員裁判では取り調べ状況、自白の任意性などは最も注目される点になる。

ところでここからはむしろ杞憂に終わればそれに越したことはない「不安」を上げておこう。

捜査情報の意図的開示とは全く逆で、最近心配されることのもう一つの側面は、重大事件で捜査当局の情報開示がなされなくなることだろう。何しろ「推定無罪」

*でっち上げ事件
　2002年3月の富山県の連続婦女暴行・自白の強要事件や2003年4月の鹿児島県志布志町の選挙違反の冤罪事件のこと。

の裁判員制度が施行されるとなると、裁判員裁判になりそうな重大事件の情報が、メディアにはほとんど伝えられなくなる怖れが十二分に予想される。事件の被疑者に関する情報の封鎖が招く最も危険なことは、勝手な憶測や誤った情報がメディアに流れることではないだろうか。

最近でも警察が重大事件の被害者や被疑者の姓名を公表するケースが少なくなり、匿名化が進んでいる。個人情報保護法の影響もあるだろうが、ここにきての事件情報の管理は一層強化されつつある。事件の社会的重大性に鑑みてその影響を受ける一般国民の「知る権利」に応えることはどのように考えられているのだろうか？　社会的に重大な事件や犯罪が発生すると、インターネットの匿名書き込みサイトでは、実名はおろか、あることないこと書き放題の情報があふれてしまう。誰でもが情報を発信できるネット社会は、人権侵害や間違った世論誘導につながる怖れを倍加させている。事態は悪い方向に進んでいるような気がしてならない。

雑誌メディアならではの特性

さて、今までの主張の立脚点である雑誌（総合週刊誌や写真誌）の立場をここで客観的にみておきたい。

雑誌は事件報道に於いて、新聞や放送の第一報を受けて、現場での周辺取材から始めるケースが多い。また、雑誌なら取材して記事にしてもらえるかもしれないと考える通報者が出てくる。いわゆるタレコミ情報だ。往々にして新聞やテレビの事件報道とは異なった報道記事が生まれる所以でもある。

しかし社会的な重大事件となると、取材も一筋縄ではいかない。人権侵害のリスクを伴うケースもある。そのため名誉毀損や人権、プライバシー侵害での敗訴も多くなる。被疑者の人格を傷つけるような記述も残念ながらままありうる。だからといって重大な犯罪の報道を公権力のコントロール下で唯々諾々と行うわけにはいかない。それが、社会的に重大な影響を及ぼす場合や真相が全く異なるケースがあり得るからだ。

誤解を怖れずに言えば、捜査権限も何もない雑誌メディアの取材・調査が真実に迫る場合、隠された真実を明らかにするためには人権を侵害するかしないかの綱渡りに似たような状況が発生するケースもあるということだ。

事件報道の真相に迫る、真実を突き止めることは容易なことではない。われわれも選ばれるかも知れない裁判員制度とメディアへの関わりはその他にも、裁判員の評決結果への取材や裁判員と事件の結びつきの調査報道などまだまだいろいろと考えられる。しかし、最高裁からの事件報道への「要望」事項は、このまま新聞協会が応じるようになれば、雑誌への影響も極めて大きくなり、現場取材や関係者インタビューなどはほとんど報じられなくなり、骨と皮だけの事件報道が残るようになりかねない。
これ以上、マスメディアの死命を制する事態は避けなければならない。

◇資料

裁判員制度に関する意見書（抜粋）

2004年4月8日
（社）日本雑誌協会　個人情報・人権等プロジェクトチーム

それでは「裁判員法」の多くの問題点を指摘しておこう。

まず、この法案は「憲法」に抵触するとみる法曹界の意見がある。

たしかに国の命令で国民に参加を義務付ける法案そのものが、憲法第13条〈個人の尊重と幸福追求権〉、第19条〈思想及び良心の自由〉及び第20条〈信教の自由〉に、また対象となる重大刑事事件の被告人の権利という観点からは、第37条〈刑事被告人の権利〉規定に反しているといえないだろうか。（中略）

さて、雑誌メディアにとって、最も大きな問題として、「裁判員への接触禁止」条項（裁判員法第73条）があげられる。裁判中はもちろん、裁判が終わった後も、メディアは裁判員に接触することが禁じられ、取材することができない。

では、次のような場合、どうなるのか。
① 裁判員が、その裁判に関して裁判官の訴訟指揮に問題ありと考えた場合
② 裁判員が、裁判員制度の運営上の欠陥に気付いた場合
③ 裁判員が、冤罪であるとの考えを持った場合
④ 裁判員本人から、匿名の訴えがあった場合
これらすべて、当の裁判員に接触・取材できないのであれば、真実を知ることなど到底不可能になってしまう。（以下略）
「裁判員に対して威迫の行為を禁ずる」（同法第78条）という条項も問題である。第73条で裁判員への接触・取材を禁じられ、さらに面会を求め、手紙を出し、電話をかけたとすれば、その行為が「威迫」と認められ罰せられる危険もある。（以下略）何をもって「威迫」と判断するか、制限の範囲があいまい、不明確なままでの威迫という文言では、いかような拡大解釈も可能となるであろう。（以下略）
我々は、報道のための取材の手段として、さまざまな形で当事者への接触を図らねばならない。現場を歩く記者の感覚をもってすれば、この法律は明らかなメディア規制であり、一般国民の感覚からしても随所に「憲法違反」の疑いが残る不適切な法である。（以下略）
国会は「開かれた司法」実現に向けて、さらに検討、改善を期すべきである。

〈裁判員制度とメディア〉

雑誌協会があえて事件報道のルール作りは必要ないとする理由

*初出誌　『Journalism（ジャーナリズム）』2009年2月号

「誌面で人を裁くな」

「誌面で人を裁くな」——今から38年前、創刊間もない総合週刊誌の事件担当編集者になったばかりの頃、編集長に言われた言葉である。作家の三島由紀夫が市ケ谷の自衛隊で自決した翌年春、群馬の連続強姦殺人事件、いわゆる「大久保事件*」を毎週毎週、現地で取材して記事を作っていたときに、言われた一言だが、「事件の内幕取材、追及、容疑者への批判を通り越して、人格否定の断罪まで記事がしてはいけない」という趣旨だった。当時これは「肝に銘じておかなければならない」と思い、事件取材・編集の鉄則にして守ってきたつもりである。現状をみると、雑誌全体が了解していることとはとても言い難いが、事件報道は如何にあるべきかを端的に示している警句といえよう。

雑誌の事件報道は大方、新聞や放送の第一報を受けて始まる。殺人、放火、強盗傷害などの凶悪事件は、大事件であればあるほど社会的な関心が高まり、その原因や背景に注目が集まる。社会不安を招く事件の全容には警察発表を超えた現

*大久保事件　1971年群馬県で発生した婦女暴行連続殺人事件。高崎在住の大久保清（36）によって若い女性8人が、犠牲となった。

場の生の声、容疑者の生い立ちや環境、人間関係など、様々な要因からのアプローチが求められる。大衆が社会や身の回りの不安解消のためにメディアに求める真相究明の要求は広く大きい。大げさに言えば、雑誌が何のために存在するか、その答えのひとつは、新聞や放送だけではわかり得ない真相に迫るためにあるということだ。それだけに、表面的な取材では決して出てこない真実を突き止めなければ記事にはならないし、できない。あえて誤解を恐れずに言えば〝お金を出しても知りたい情報価値をいかにして掴んでくるか〟これに尽きよう。

私的な体験から事件報道に即した雑誌報道の特徴の一端を示したのは、これから論じる「裁判員制度の問題点と雑誌の事件報道のあり方」の前提と考えて、あえて触れておいた次第である。

裁判員制度と事件報道のあり方

それでは本題に入ろう。「裁判員制度と事件報道のあり方について」雑誌協会内ではどのように議論し、表明してきたのかを２００８年１月に公開した見解全文を示し、さらに遡って経緯を明らかにしていきたい。

新聞報道では、「雑誌協会は裁判員制度に際して事件報道に新たなルール作りはしない」とだけ報じられている。雑誌協会は、まるで木で鼻をくくったような対応しかしていないと取られかねないが、そんなことは断じてない。このような結論に至るまでには、司法制度改革推進本部が裁判員制度のあり方を検討して、試案を作りヒアリングを始めた当初より、再三再四内部で論議してきた。ヒアリング前やその後数度にわたり「意見書」や「声明文」を出してきた。その内容は追って明らかにしていきたい。最も新しい見解は前記のように2008年1月のもので、次のように意見表明をしている。日本雑誌協会の公式見解なので、長くなるが全文を掲げておこう。

「裁判員制度」実施にともなう雑誌の事件報道に対する考え方

社団法人　日本雑誌協会
編集委員会　委員長　上野　徹

来る二〇〇九年五月までの裁判員制度実施をひかえ、今回、日本新聞協会、日本民間放送連盟が、それぞれ実施にともなうガイドラインを公表しましたが、日本雑誌協会は、裁判員制度実施にあたって新たな事件報道のルール作りが必要だとは考えておりません。

日本雑誌協会はそれぞれの雑誌が自由な立場で自由な報道・言論をおこなうことを前提としている集まりです。もちろん文化の向上と社会の発展に寄与すべき雑誌の使命は重大であり、高い倫理水準を保たなければならないことはいうまでもありません。そのため我々は「雑誌編集倫理綱領」を定め、自らを戒めてその実践に努めております。日本雑誌協会は裁判員制度の実施に際しても、「雑誌編集倫理綱領」に掲げている「言論・報道の自由」「人権と名誉の尊重」「法の尊重」に基づき、これまでどおり法の趣旨を十分理解して事件報道にあたることは当然のことと考えます。「綱領」に明記されているように「犯罪・事故報道における被疑者や被害者の扱いには十分注意する」ことは、改めてルール作りをするまでもなく当然の責務であります。

当協会は「裁判員制度の実施と事件報道のあり方の取り決め」そのものには、まだ多くの議論の余地があると考えており、今後は事件報道のあり方にいっそう意をつくすと同時に、裁判員制度そのもののあり方も注視してゆくつもりです。

以上

雑誌協会としては、「裁判員制度下の事件報道のあり方」について、いわゆる〝最高裁・平木要請*〟があり、それを受けたかたちで、考え方を表明したわけだ。同じく一月には新聞協会も民放連もこの要請に沿った「指針」を出したが、その中身は、指針と言うよりは、事件取材・報道における「心得集」のようなものである。各項目には「配慮する」「尊重する」「留意する」「心掛ける」といった文言が並び、何らかの指針や取り決め、ルールにはなっていない。雑誌協会が「雑誌編集倫理綱領」の定めをもって事件報道にあたるとした内容と実質的にはほとんど変わら

＊最高裁・平木要請とは、次の六項目となる。
・捜査機関から入手した情報、事件の概要、自白の内容等をそのまま報じない。
・犯罪被疑者の弁明や弁解を「虚偽」「不合理」と決めつけない。
・犯罪被疑者の犯人性―指紋、足跡、ＤＮＡ鑑定等科学的捜査内容に触れない。
・犯罪被疑者の前科前歴、過去の類似行為は報じない。
・事件の背景、犯罪被疑者の生い立ち、人間関係、近所の評判などは報じない。
・事件や犯罪被疑者に関する識者、専門家の論評を掲載しない。

ないと思われる。しかしその後、朝日新聞、読売新聞、共同通信、NHKなどは、独自の「事件の取材・報道を定めたガイドライン」を作成している。毎日新聞も独自の方針を2008年12月に公表した。

ところが最近発生した凶悪事件を例に取ると、記事のどこがどのように変わったのか、一般読者にはよくわからない。元厚生省事務次官夫妻を連続して殺傷した事件の容疑者への新聞、テレビの取材、報道ぶりは、容疑者の身辺や父親への手紙、学生時代の評判、私生活上の趣味嗜好などなど、微に入り細をうがち報道されている。また千葉県・東金市で発生した幼女殺人・死体遺棄事件でも犯人とされる人物の顔写真からVTR撮影映像、発達遅滞状況、私生活での女性に対するトラブルまで、事細かに報道されている。社会を不安に陥れた犯罪とはいえ、まだ容疑者の段階での取材・報道のあり方は、従来とほとんど変わることなく行われている。捜査当局の記者クラブに開示される情報に沿って現場取材を行うと当然事件に関わる諸々の証言や状況に出くわす。容疑者の真実は未成年者でない限りある程度は明らかにされる。警察当局によって捜査情報がオープンになることは、捜査情報が開示されない事態、あるいは一方的な匿名開示などよりは、問題はあるにしてもよほど望ましいと思われる。

裁判員制度の下で最も危惧されることは、捜査当局による事件の全容の開示がなされなくなることだ。

雑誌協会の論議に戻ろう。「裁判員制度」がメディア規制に繋がる条項を包摂しているとして、問題が浮上してくるのは、2002年秋から03年の春に遡《さかのぼ》る。当時は、「個人情報保護法案」「人権擁護法案」「青少年有害社会環境対策基本法案」の〝メディア規制三法案〟がマスメディアに大きく覆い被さり、その対応策に追われていた。特に「個人情報保護法案」に対しては、出版界は雑誌協会、書籍協会などが、全面的に反対で、各種雑誌での反対キャンペーンばかりか、新聞への「反対の意見広告」を何度も出し、「個人情報保護」の名目で、メディアの取材制限、表現の自由を制限することになる事態を何としても阻止するため、全力で闘っていた。しかし、まさに国会で当の個人情報保護法案が成立の時期に、新たなメディア規制をはらんだ「裁判員制度に関わる法案」が動き出した。同じ時期に裁判員制度を審議してきた司法制度改革推進本部「裁判員制度・刑事検討会」が、マスメディア各団体にヒアリングを要請してきたのだ。ヒアリング＝意見聴取の「たたき台」ともいえる「裁判員制度の原案」には事件報道規制の他にも裁判員への取材制限をはじめ重大な問題点があり、このヒアリングでは、当時の雑誌協会・編集倫理委員会・雨宮秀樹委員長が、裁判員制度と裁判員法の問題点を、3つのステージに分けて反駁した。ヒアリングにどのように臨むかについては、雑誌協会では「個人情報・人権等プロジェクトチーム」が中心となり各出版社の代表を集め、「たたき台（原案）」の検討会を開き、協議を重ねた。これが雑誌協会の裁判員制度に対する基本見解とも言えるものなので、骨子を要約しておこう。

報道の自由を脅かす「裁判員制度」の問題点――

ステージ1　裁判手続きの開始前――原案にある「報道機関は事件に関する報道を行うにあたっては裁判員（補充、候補者も含み）に事件の偏見を生じせしめないように配慮しなければならない」とする点について、まず何を「偏見」とするかはっきりしない点を指摘。またこの条項が事件報道全般を規制する結果をもたらす可能性があり、「配慮義務」を法律で定めることは罰則を設けないとしても報道の自由を脅かすと全面拒否。

ステージ2　裁判手続きの係属中――裁判員への接触禁止規定に異議あり。裁判員が暴力団の構成員であるとか、当該事件の関係者とわかった場合などメディアが接触、公表すべきである。また裁判員に関する重大な瑕疵に結びつく何らかの情報提供が行われた場合など、「接触の禁止」についてはあらかじめ禁ずるのではなく、報道機関の良識と自主判断に任せるのが妥当とする。

ステージ3　裁判手続きの終了後――「判決が下された後、何人も知り得た事件の内容を公にする目的で、裁判員に接触してはならない」また、「裁判員には職務上知り得た内容を漏らしてはならない」（裁判員の秘密漏洩罪）が設けられることに対して、異議を唱える。裁判員への接触や裁判員の秘密保持義務に関して、これらは包括的で過剰な規制であり、報道の自由に対する不当な制限と考える。

結論として原案は、以上の3ステージすべてに於いて多くの問題点があり、国民の知る権利と報道の自由を確保する上で慎重な検討が求められよう、とした。

さらに、２００３年12月10日には、同年10月28日に提示された政府の司法制度改革推進本部「裁判員制度・刑事検討会の井上正仁座長試案」に対する意見書として、次のような「個人情報・人権等プロジェクトチーム」見解を公表した。

これも趣旨を要約しておこう。

裁判員制度への見解――

開かれた司法に則ったその目的には賛成するが、しかし全国民に参加を求めるにしてはあまりにも拙速すぎる。しかも裁判員に対する秘密漏示罪の適用、生涯の沈黙を強いるのは過酷すぎる。また国民の権利である「良心の自由」をも侵す憲法違反の疑いもある。さらには、「偏見報道」条項である。定義が曖昧なまま導入されればあらゆる事件報道が規制の対象となる。特に雑誌の事件報道は事件や犯罪の裏にある真実に迫る取材が要求され、それが規制の対象になれば、「国民の知る権利」に応えることが、一層困難になるとして、雑誌協会の裁判員制度に対する基本姿勢を再度まとめている。

一　いわゆる「偏見報道」条項の全面的な削除を求める。

二　雑誌協会加盟各社は、裁判の公正を妨げる報道を避けることに努め、原則として裁判中の裁判員への接触は控える。
三　裁判員の個人情報については原則として本人の意向を尊重し、報道にあたっては公正な裁判と人権尊重の立場から十分に配慮をする。

「裁判員法」が成立するのが2004年5月だから前年の12月段階でのこの基本姿勢は、今もそのまま貫かれている。

「裁判員法案」(「裁判員の参加する刑事裁判に関する法律」)が衆議院で審議され成立の見通しが立った2004年4月8日段階では、「意見書*」(別掲)を公表、また、衆議院を通過した4月23日には、「裁判員法案」に対する緊急抗議声明を出した。この「意見書」では審議にかけられた法案の条文の問題点を逐条的に批判し、見解を添えている。憲法違反の疑いがある点や報道規制に直結する条項を指摘している。

このように雑誌協会の対応を追ってくると、「裁判員法案」が当初から抱えるメディア規制の性格を厳しく指摘し、裁判員への過剰な禁止条項と厳罰姿勢を批判してきた経緯がおわかりいただけたと思う。しかし、開かれた刑事司法の必要性については、常に肯定してきている。雑誌協会内部の討議もこの点について異論は出ていない。

裁判員制度と事件報道のあり方――雑誌協会が新聞協会や民放連と立場が異な

*意見書
91ページの雑誌協会・個人情報・人権プロジェクトチームの意見書参照。

る最も大きな点は、はじめに述べたとおり第一報を報じる役目、つまり「発表メディア」か「追跡メディア」かの違いがあるが、さらにいえば「記者クラブ」の存在がある。雑誌は記者クラブには入っていないし、入れてももらえない。その立場の違いは、裁判所、法務省、検察庁、警察の所轄など行政組織との関係にもあらわれる。互いの関係は相互に慣れ親しむ、いわば〝ツーカー〟の情報交流とは真逆の関係でしかないといえる。法案の論議が白熱していた2003年、井上座長試案にあった「事件報道」への「予断」「偏見」条項を撤廃する際に、「メディアのルール作りに委ねる」という一文が付与されていたが、そのメディアとは、新聞協会加盟各社だけを対象としたものとしか思えない。その証拠に、この問題を雑誌協会も交えてメディア間で討議することは一度も行なわれていない。

しかし、雑誌協会はこの間、「裁判員制度の制度設計をどうするか」に関する自由民主党、公明党、民主党などとの討議は繰り返し行ってきた。また日弁連の人権擁護委員会や裁判員制度実施本部ともこれまで三度の会合を持ってきた。雑誌協会側は、「個人情報・人権等プロジェクトチーム」（2005年度から「個人情報・人権問題特別委員会」と改称）の10名と総合月刊誌や週刊誌、写真誌の編集長十数名が参加してきた。日弁連とは、「名誉毀損の慰謝料高額化問題」や「個人情報保護法」「人権擁護法案」などでも度々意見交換をしてきている。

しかし、最高裁判所や法務省・最高検察庁などとは今回の「裁判員法」「裁判員制度」に限らず、一度も公式的な話し合いは行われていない。最高裁判所は、新聞協会や民放連とは常時話し合いの機会を持っているようだが、雑誌協会とは一度もそのような機会さえ設けられていない。公的には２００３年５月の司法制度改革推進本部とのわずか一度のヒアリングのみである。

なぜか？　その理由を伺うすべはない。

結論としては、雑誌、特に総合月刊誌、総合週刊誌、写真誌などでは、施行される「裁判員法」に配慮しつつ事件取材・報道を行い、社会的な役割を果たし、真相究明に臨みたい。

また「裁判員制度」の実施にあたっては、随時、問題点を取り上げて、制度のあり方も含めて引き続き注視していくつもりである。

〈コラム〉　裁判員制度と取材・報道の「ルール作り」への反論

「雑誌は、事件報道の新たなルール作りはしないようだが、その意図はどこに？」

このような設問に答えるべく準備していたところ、社会を不安に陥れる無差別殺人事件が発生した。常磐線沿線の駅で8人もの通行人が斬りつけられ、1人が死亡、1人が重体、6名が重軽傷を負った。

この第一報を報じた新聞やテレビのニュースでは、事件が発生した土浦市荒川沖駅の生々しい現場、犯行の手口、凶器のナイフ類、犯人を見落とした警察の不手際、犯行時の連絡ミス、識者のコメント、さらには連行中の犯人の素顔、生い立ち、部屋の様子、携帯電話の内容、家族関係など詳細を極めた報道がなされた。

裁判員制度の開始を約1年後に控えたこの時期、事件報道からは、新聞や放送、雑誌に「報道変化」を読み取ることはできない。つまり、最高裁が事件報道についてメディア各団体に提示した要望（ルール）に沿った取材・報道への配慮は、なされていないと言えよう。確かに2008年1月16日に出された新聞協会の「取材・報道指針」や翌17日に出された民放連の「裁判員制度下における事件報道について」は、最高裁からの要望に添った取材・報道の「ルール」ではなく、「指針」「考え方」の域を出ていないものだから、「報道に変化がない」のは当然と言えば当然であろう。

その点からすれば、雑誌協会も1月22日に同様な趣旨の「『裁判員制度』実施に伴う雑誌の事件報道に対する考え方」を公表している。この中で、「裁判員制度の実施にあたって新たな事件報道のルール作りが必要だとは考えていない」と明記した上で、「『雑誌編集倫理綱領』に掲げている『言論・報道の自由』『人権と名誉の尊重』『法の尊重』に基づき、これまでどおり法の趣旨を十分理解して事件報道にあたることは当然のこととし、『綱領』に明記されているように『犯罪・事故報道における被疑者や被害者の扱いには十分注意する』ことは、改めてルール作りをするまでもなく当然の責務である」とその考え方を明確に示している。

雑誌協会の考え方の基本姿勢は、新聞協会の「取材・報道指針」や民放連の「事件報這8項目の考え方」とほとんど同じようなもの。はっきり言えば、新聞社も放送局も取材・報道の「ルール作り」は行っていないのである。これらの声明文は「ルール」ではなく取材・報道にあたっての「心得」を記したに過ぎない。雑誌協会だけは、「ルール作りは必要ない」という表明をあえてしたといえよう。現段階では、メディアは従来の取材・報道姿勢は変えずに事件報道を行っていくと考えてよさそうだ。

出版社の社長は雑誌記事の責任をどこまで負うべきなのか？

＊初出誌『出版ニュース』２００９年４月下旬号

雑誌記事に対する高額賠償判決続出に加えて新たな制裁発動も？

新潮社の週刊誌記事をめぐり、経営者の管理責任を問われる判決が出された。果たして経営者は、言論に介入することなく、記事作成の編集現場を管理、指導することは可能なのか。

「超高額賠償」「社長の管理・指導責任」「記事そのものの取り消し広告掲載」——出版社系週刊誌の名誉毀損訴訟で、裁判所による相次ぐ厳しい判断がなされている。

その中でも『週刊新潮』の記事をめぐる訴訟で、裁判所が社長の賠償責任ばかりか、社員に対する管理・指導責任もあるとしたことで、「報道の自由」「言論と経営のあり方」の観点から論議を呼んでいる。このような判決は初めてではないが、今回は、社長の過失責任として、社員（編集者）への具体的指導方法にまで立ち入っている点で問題視されてもいる。

それではまず２００９年に入ってからの新潮社発行『週刊新潮』の記事に対す

る裁判所の厳しい判決からみてみよう。

◇　1月26日　990万円の賠償命令——これは楽天と同社三木谷社長に対する名誉毀損裁判で、東京地裁が下した判決。対象記事は2006年9月6日号の「水面下で捜査が進む『楽天』三木谷社長の『Xデー』」というタイトルで、判決理由では「取材内容は伝聞の域を出ず、事実とは認めがたい」というもの。損害賠償額は楽天へ550万円、三木谷社長へ440万円と算定され、合計990万円とした。ちなみに賠償請求額は、約15億円にも上る額であった。

◇　1月30日　110万円の賠償命令——記事は「やはり『密室』で総理を決めた『五人組』の暗躍」（2007年9月27日号）というワイド特集の一本。この賠償先は野中広務・元自民党幹事長で、判決では「抽象的な伝聞内容で、記事内容を否定する取材結果もあった」というもの。

次が問題の判決で、新聞各紙がこぞって五段抜き七段抜きで、「新潮社社長らにも賠償命令」「名誉毀損を防止する体制に不備」などという大見出しを掲げたもの。

◇　2月4日　元横綱・貴乃花親方と妻・景子さんへ375万円の賠償支払いと謝罪広告を命じる——

（この詳細は本論で後述する）

その他にも

◇　3月4日　新潮社の月刊誌『新潮45』の事件記事をめぐり最高裁第三小法廷が原告・被告双方の上告を棄却する決定をした。それによって、新潮社に110万円の損害賠償を命じた東京高裁判決が確定。対象となった記事は北海道恵庭市で発生した同僚女性殺害事件で懲役16年の刑が確定した女性に対する過去の窃盗事件の記述内容をめぐるもの。

◇　3月30日　600万円の賠償命令――秋田の私立大学をめぐる記事で、大学側から新潮社に対し、1億5000万円の損害賠償請求訴訟。東京地裁は「大学が宗教法人に乗っ取られるという噂の域を出ない情報を記事にしている」として、真実性の立証責任がなされていないと判断した。

さらにこれは裁判ではないが、メディアでクローズアップされたのが『週刊新潮』が増し刷りまでして連載した「朝日新聞阪神支局襲撃犯の手記」である。朝日新聞での全面反論記事や他の週刊誌でも真偽をめぐって記事内容そのものが問われた。3月18日には、編集長交代が明らかになった。新潮社は、若返りというが、訴訟案件に対する一連の司法判断、それに加えて今回の記事も関係がないとは言えまい。

新潮社以外でも3月5日には、大相撲・北の海理事長の力士当時の八百長をめぐり、講談社の『週刊現代』が１５００万円の賠償命令を受けた上に「当該記事の取り消し」という前代未聞の判決まで突きつけられてしまった。

また3月12日には先述の『週刊新潮』社長の賠償責任（2月4日判決）と同じ原告（貴乃花親方夫妻）の訴えに対しては、写真週刊誌『フライデー』の連弾写真及び記事についてさらに高額の４４０万円の損害賠償判決が出された。ただし、このケースでは、講談社・野間社長の社員管理体制の過失責任までは問われなかった。

3月26日今度は、朝青龍と30人の力士から提訴された一連の八百長疑惑記事で、賠償請求額６億６０００万円という莫大な金額の訴訟の第一審判決が出された。その損害賠償額の総計は何と４２９０万円という途方もない金額。メディアに対する賠償額としては史上最高額で、週刊誌全体に与える萎縮効果は計り知れない。一連の記事の論拠となる真実相当性の欠如は確かに大きいのかも知れないが、相撲界が抱える問題点を考慮せずに、萎縮効果を狙ったかのような、けた外れな金額には恐れ入る。しかも「記事の取り消し広告掲載」もつけられているのである。『週刊現代』の相撲記事といえば、最近では時津風部屋の17歳の力士・時太山リンチ死事件をスクープしたことが上げられる。愛知県警が事件性なしとして糊塗した相撲界の殺人行為に対して、これは弟子を親方、兄弟子達がなぶり殺しにした集団リンチ事件で、しかもその指示は元・時津風親方が自ら出していたことを暴いたものであった。新聞もテレビもスポーツ紙さえ黙殺した事件を、あえて取り上げて社会に問いかけたのは『週刊現代』であった。このことは、社会的に疑わしい、怪しい段階で記事にする、取材して書く。まだ確証は取れない段階であって、当事者の証言も得られないが、やはりおかしい、どうしても疑わしいならその記事を作成し、世に問う、危険は承知で踏み出す。そこに週刊誌の社会的使命があるとはいえないだろうか。

確かに今回の八百長記事の立証には難しい点が多い。しかし、4000万円を超える賠償額の金額算定基準はあいまいである。この高額賠償の今日的、社会的な意味を裁判長はわかっているのだろうか。首を傾げざるを得ない。

社長責任が問われた最初のケース

このように雑誌記事をめぐる高額賠償判決や謝罪文、さらには記事の取り消しにまで及ぶ判決の続出は雑誌ジャーナリズムに対する司法の懲罰的な意図さえ感じるほど厳しい。判決文の内容も被告（出版社）側の主張をほとんど切り捨て、断罪に近い判断となっている。個々の事案に対する裁判所の判断を分析、検討することが望ましいが、原告、被告それぞれの主張を法的に捉え裁断する専門的な知識も乏しいので、タイトルに示したような『週刊新潮』をめぐる社長の責任問題に言及したい。ここでは出版社の経営と編集現場、またそもそもの雑誌記事の作られ方、新聞・放送などとの違いなどの観点から論じていく。

それではまず新潮社の社長に対する賠償責任命令の判決文を見てみよう。

案件は、元横綱・貴乃花親方及び景子夫人に関する五度にわたる記事で、それぞれの記事内容に関してはタイトルも含めて判断材料になっているので概要しか触れないが、原告の主張する損害賠償の請求先は発行元の新潮社、同社長・佐藤隆信、編集長・早川　清となっている。出版社に対する名誉毀損やプライバシー侵害など民法の「不法行為責任」では、損害賠償の請求先が出版社や社長、編集長とされることは珍しいことではない。しかしその請求の根拠として原告側は、新潮社・佐藤社長については旧商法二百六十六条ノ三第一項（以下・旧商法条項）に基づく責任の所在を主張している。

ちなみにその条項内容とは

［取締役の第三者に対する責任］で、

取締役ガ其ノ職務ヲ行フニ付悪意又ハ重大ナル過失アリタルトキハ其ノ取締役ハ第三者ニ対シテモ亦連帯シテ損害賠償ノ責ニ任ズ　となっている。

（現行「会社法」第四百二十九条［役員等の第三者に対する損害賠償責任］）

原告は以下a、b、cの順で主張する。その要点をまとめると、

a　株式会社の取締役は、会社の活動により会社外の第三者に損害を与えることのないよう注意すべき義務を負い、とりわけ代表取締役は、従業員による違法

行為を防止すべき注意義務を負う。出版、報道といった企業活動は、性質上、他者の名誉を毀損する危険性を常に伴うから、出版、報道を主要な業務とする株式会社の代表取締役は、業務を執行するに際し、出版、報道行為によって、第三者の権利を侵害しないよう注意し、第三者の権利を侵害する結果を防止し得る社内体制を整備、構築すべき義務を負う。

b　被告佐藤は、被告会社の代表取締役として、上記注意義務を負っていたにもかかわらず、上記体制の整備、構築その他の措置を何ら講ずることなく、原告らの名誉を毀損する本件記事を掲載し、又は、結果的に掲載を漫然と放置したものであるから、任務を悪意又は重大な過失により懈怠したものとして、旧商法二百六十六条ノ三第一項により、原告らに対し、被告早川、被告会社と連帯して損害を賠償する義務を負う。

c　なお、被告らは、編集権の独立を主張するが、社内的に経営と編集が分離されているとしても、会社業務全般につき責任を負うべき代表取締役の第三者に対する責任が免除されることにはならない。

このような原告側の主張に対して裁判所は、原告側「a、b、c」の趣旨を概ね認める判断を下した。その部分の判決内容を記しておこう。

「出版を業とする企業は、出版物による名誉毀損等の権利侵害行為を可及的に防止する効果のある仕組み、体制を作っておくべきものであり、株式会社においては、代表取締役が、業務の統括責任者として社内に上記仕組み、体制を構築すべき任務を負うといわなければならない。この前提の下に、代表取締役は第一に編集担当者に名誉毀損等の違法行為に対する正確な法的知識と違法行為を惹起しないための意識と仕事上の方法論を身につけさせ、第二に出版物を公表する前に記事内容を法的にチェックする仕組みを社内に設け、第三には、公表したあとにも客観的な視点を持った第三者によって構成される委員会を置き、記事の点検、検討、協議をすべし」とまで述べ、これらの仕組み、体制の整備は、個々の出版企業の実情に応じて具体的に検討されるべきであると結ぶ。そしてさらに判決文では、週刊誌を発行する出版社全般を対象にした一般論に言及する。

「殊に、週刊誌を発行する出版社にあっては、しばしば名誉毀損が問題とされることがあるから、上記対策は、代表取締役として必須の任務であるというべく、いやしくもジャーナリストと称する以上、当該企業が、専ら営利に走り、自ら権利侵害行為を行ったり、権利侵害行為を容認することがあってはならないことは明らかである」。そして、裁判所は被告側の証言を一蹴し、新潮社の社内研修の不備、チェック体制、名誉毀損防止の仕組み、体制は作られていないと、結論づけ、旧商法条項に基づく責任があると解するのが相当であるとの見解を打ち出す。その上で、新潮社が主張する「編集権の独立」なるものと、これまで判決文で示した社内の仕組み、体制の整備は、必ずしも対立、背反するものとは解することはできず、被告の主張は被告・佐藤社長の責任を否定する論拠とはならないとした。

以上の理由から損害賠償金375万円を算定し、被告新潮社、早川編集長に加えて被告・佐藤社長にも連帯してその賠償金の支払い義務を負わせたのである。

長々と経緯とその概要を記してきたが、新潮社が旧商法条項で社長の責任を負わされたケースはこれが初めてではない。今から7年前、大阪地裁で写真週刊誌『フォーカス』が、いわゆる「和歌山毒入りカレー事件」での林真須美被告の法廷写真掲載号と、続いての法廷内イラスト掲載号で彼女に肖像権侵害で訴えられて、社長も連帯しての損害賠償責任を負わされている。この案件は、控訴審、上告審で金額は減じられたが、社長の責任は一審の判決通りに問われる結果となった。

今回、原告サイドが、あえてこの判決と同じ旧商法条項を持ち出して社長の責任を追及してきたのも、繰り返し記事化されたことへの反駁があったと思われる。しかし『フォーカス』の法廷内写真掲載に伴う社長の責任判決には司法の明確な意図が窺える。裁判所は故・田中角栄元首相の法廷内肖像写真をはじめ何度警告しても繰り返す新潮社『フォーカス』の確信犯的な撮影、掲載に対して、キツーイお仕置き的な判決を下したと言えよう。しかし新潮社にしてみれば、「民主主義社会の公開された法廷内撮影がなぜ禁止されるのか？」という根本的な問いかけがあってのこと。カメラ付き携帯をはじめデジタル社会化した今、メディアが、事件容疑者の法廷内での表情や体形の変化、物腰などを伝えるのは、「知る権利」に応える意味でも大切な役目であろう。あえて「知る権利」を持ち出さなくても、それは見たい、知りたい国民的関心事でもあるし、公益性、公共性にもかなっているともいえる。

裁判所はいまだに「法廷絵師」（イラストレーター）に描かせることは認めて、撮影は法廷開始前のみという時代錯誤的な感覚で良いのだろうか？　このような疑問が背景にあって『フォーカス』があえて司法当局への問題提起的な報道をしたわけだが、その姿勢が、肖像権侵害に加えて、社長の編集管理責任まで問われたのである。『フォーカス』はかつて掲載意図について次のような見解を表明している。

――本誌はこれまで、何度か法廷での被告の写真を掲載してきた。田中角栄、麻原彰晃、林真須美。いずれも日本中が注目した事件の主役である。そして、いずれの場合も、裁判所等から抗議、警告や勧告を受けている…。

何も「知る権利」を偉そうに振りかざすつもりはない。それでも「見たいものは見たい」というのが本誌の創刊以来のスタンスである。多少の障壁があっても、それ相応の価値があるとするならば、我々は写真を掲載していきたいと考えている。たとえ〝封印〟されようと――。

言論への旧商法条項適用に違和感

出版社のこのような報道姿勢が司法当局の逆鱗に触れて、社長の管理責任にまで及んだのはこれが最初のケースである。その後は『フォーカス』が休刊となり、今度は同社の『週刊新潮』が司法当局への懐疑的な姿勢、疑問を呈する連載企画「裁判官がおかしい！」を始める。このシリーズをまとめたものが２００３年6月に『裁判官が日本を滅ぼす』というタイトルで単行本にもなっているので、読まれた方も多いと思われる。本の帯には「裁判官が間違いだらけ？　そんなばかな！相場主義、良心の欠落、無罪病、傲岸不遜、常識の欠如―不可解な裁判の数々の実例を詳細に描く傑作ノンフィクション」と司法当局には刺激的な文言が並べられている。なお『週刊新潮』では昨年も短期集中連載「新・裁判官がおかしい！」と題して6回の連載記事を掲載している。いずれの記事も裁判官の実名、顔写真入りである。この姿勢は月刊誌『新潮45』にも貫かれていて、事件報道の特集や裁判批判企画も目につく。このようにみてくると、新潮社の出版社としてある意味で一貫した司法批判、裁判官批判は小気味よいほど貫徹されている。が、そのことが、ことさら司法当局、最高裁判所や法務省に厳しい姿勢を取らせているのではないかと疑わせる。つまり、懲罰的な経営責任判決に繋がる一因となったと言えば言い過ぎであろうか。裁判所は個別案件を法的に審理する場であって、決して恣意的な判断など介入する余地はない、そう素直に信じることができるだろうか。

そのもうひとつの理由が、旧商法条項の適用であろう。そもそもこの条項をメディアの不法行為責任、損害賠償、慰謝料請求に適用することがおかしくないだろうか？　代表取締役や取締役の商法上の責任といえば、ビジネス現場、商取引での不正行為、背任などの犯罪に結びつくような責任に適用されるものだからだ。まさか、報道機関、言論・出版の自由という憲法上、国家に保障された公然たる社会的活動行為に対して適用されるとは、にわかには信じがたい。民事裁判の慰謝料訴訟であって、刑罰を科される刑事事件の犯罪行為ではない。あくまで民法上の不法行為責任で問われた案件である。それも社会的に認知され、50年以上発行を続けている「総合週刊誌」の記事である。今回の訴訟以外でも２００６年にある宗教団体の原告がこの旧商法条項を掲げて新潮社を訴えた事例もあるが、このケースでは新潮社の経営陣や『週刊新潮』編集部は社内チェック体制が確立していて、「代表取締役に本件の不法行為と相当因果関係のある重大な過失による任務懈怠《けたい》(「なまける」の意味)があったとまでは認めることができない」と判断している。個別案件の違いはあるにしても裁判所、裁判官によって正反対の判決が出されたことになる。

新潮社にすれば、社内の編集組織、記事のチェック体制について裁判所からとやかく言われる筋合いはないというのが、本音だろう。今回の訴訟でも、「編集権の独立」を掲げて、経営サイドとは一線を画してきたことを強く主張したが、これに対しても裁判所は「経営者が記事作成上の仕組みや体制を整えて、不法行為を起こさないように管理することとは矛盾しない」と退けた。なおこの「編集権の独立」という概念は、50年以上前に新聞協会が打ち出したもので、当時は労使の対立状況から提起された経緯があり、今回のような裁判とは論点が異なる。営利企業として出版社のあり方を考えると、経営と出版体制、雑誌編集と経営権の関わりからしてもやはり「編集権」だけが独立しているとまではいえない。編集長・編集者などのスタッフ人事や編集予算、広告・宣伝などをみても経営の意思なくしてはできないからだ。ところが現実の雑誌編集現場では、編集長の権限が極めて大きい。このことは出版各社で共通している。〝雑誌は編集長のもの〟とまで言われる所以である。それほど絶大な権限を有するのは、競争の激しい雑誌界で成功するもしないも、ほとんどが編集長の個性、能力、力量によるからだ。正直なところ各社不文律として、社長といえども個別記事に介入はできないし、編集担当部署の管理責任者・役員といえども企業として発行の責任は負えども、編集内容への介入はほとんどできない、しないこととなっている。この不文律は徹底している。だからというわけではないが、圧力を最も受けやすい政治家や著名人、権力者などのスキャンダル記事が可能なのである。たとえば政治家や高級官僚、財界人などの女性問題、金銭スキャンダルなどは、まず週刊誌が第一報を流すケースが多い。出版社の経営陣が権力筋からの何らかの圧力を受けて、編集長に記事作成や現場の取材を中止させる、また筆を曲げさせるなど、記事や企画そのものに圧力をかけることがあれば、その雑誌は存在する意味さえ失ってしまう。もしその雑誌が経営の意図と大きく異なってきた、あるいはズバリ売れなくなった場合などは、編集長の首をすげ替えることとなる。その場合の人事権は、当然ながら会社の経営者が握っている。その意味では「編集権の独立」は難しいが、「雑誌編集の独立性」は、メディアの違いはあるにしても、新聞社や放送局よりはるかに徹底している。名誉毀損の裁判で裁判長が雑誌へ投げかける言葉に、「営利に走り過ぎ」とか「売らんかなの大げさな見出し」とかは、情報価値にお金を出して買ってもらって初めて成り立つ、発行が維持できる「雑誌」という商品の宿命でもある。このところ休刊誌が相次ぐ中、赤字でも出し続ける総合週刊誌の社会的な役割、意義も強調しておきたい。

裁判員制度を見据えた判断では？

さらに強調しておきたい点は、名誉毀損やプライバシー侵害行為は記事作成に関わる取材結果及び表現上〝紙一重〟の問題でもあるということだ。先述した政治家や高級官僚、経営者、学者、著名人、その他芸能人、歌手、スポーツ選手などなど、公人、パブリック・フィギュア*と呼ばれる方の情報は、公共性や公益性にかない、真実相当性さえ満たせば報じられたくない情報でも記事にできるわけで、その要件を取材でどこまで詰めるべきなのか、確証なくしては一切記事にできないのか、このさじ加減が雑誌記事は、司法とずれる場合があり得る。特に公人、著名人の望まない、書かれたくない内容の記事では、雑誌メディア側には厳密な真実性の証明責任を要求される。その度合い、ハードルの高さがここにきて一段と高くなった印象はぬぐえない。

「言論の自由」が民主主義を支える柱としてとてつもなく大きい米国では立証責任は訴えた側、つまり原告にある。ところが日本の法律では被告側にある、それだけに慰謝料の金額や記事に対する責任も法的には考慮されるとみられていた。ところが最近の判例を見る限り司法の断罪的な姿勢は、言論機関である出版社への〝弾圧〟に近いのではないだろうか。たとえば大相撲にしても横綱の品格、親方の人格、さらには大麻事件、リンチ殺人事件、親方たちが研修会まで開くほどの無気力相撲、互助会的な取り組みなどなど今の相撲界こそ問われるべき問題点があふれているはずなのに、雑誌記事の真実相当性だけが厳密に要求されるのはいかがなものであろうか。相撲界はメディアに少々きつい指摘をされても、何が病根にあるのか、それをあぶり出すことが待たれている。何が問題なのかは、大衆は見抜いていると思われる。それでも雑誌の相撲八百長疑惑*記事には、想像

＊パブリック・フィギュア　アメリカでは、名士、著名人、要人など名声あるいは悪評を得た人物を指す。またある種の社会的問題に自ら参加した人なども、パブリック・フィギュアと呼ばれている。

＊大相撲八百長疑惑　128ページのコラム「週刊誌」報道の真骨頂であった２０１１年「大相撲八百長」事件を参照。

を超えた金額の賠償に加えて、「記事の取り消し」さえ要求される始末である。

先述のように雑誌の売れ行きは年々厳しくなり、休刊が相次いでいる。いまある総合週刊誌も半数はズバリ赤字の累積、出版社のお荷物化している。このままの売れ行きならば早晩、結論が出されるかも知れない。しかし、新聞やテレビの報道（ニュース）では知れない社会の断面を月刊誌、週刊誌、写真誌は、疑わしきは、ある程度の確証段階で記事にしてきた。田中金脈しかり、歴代政治家のスキャンダルしかり、公人に対しては全人格的な問いかけ、悪しき人間性の断面を暴いてきた。雑誌メディアの真骨頂は、「表より裏」「正統より異端」「建前より本音」といった点にこそある。特に『週刊新潮』は、このような週刊誌の特徴を色濃く反映した記事が目立つ。「社会主義イデオロギー」とか「正義」「人権」「美談（きれいごと）」などへの懐疑的な記事が多く、どちらかといえば、人間の欲望、権力、地位、金銭、性に関わるスキャンダルに特化しているともいえよう。もちろんこれらの記事への好き嫌いはあるだろうが。

『週刊新潮』の記事で今も社会を動かすスキャンダルは、北朝鮮の拉致事件であろう。当時もし裁判で立証責任を問われれば、真実相当性は不足していたかも知れない。いまから二十年以上前に第一報として流された記事のタイトルは、「日本海浜『三組のアベック』が消えた北朝鮮『人攫い』の恐怖」というもので、その後も連続して「共産党も『北の犯行』と声明した『金正日』の狂気」という記事である。発売した当時は、連日朝鮮総連の抗議団が押しかけて、新潮社は大変な事態になったという。しかしこの第一報がなければ、北朝鮮による拉致事件が陽の目を見る機会は随分遅くなったのではないだろうか。総合週刊誌の持つ言論に対する姿勢が端的にあらわれた記事でもあった。

雑誌記事への司法の姿勢でもうひとつ指摘しておきたい懸念がある。それはこの5月に始まる「裁判員制度」への出版社や各雑誌の取り組みに対する司法の出方である。「裁判員制度」への否定的な見解の書籍類の出版や「裁判員制度と事件報道」に対する日本雑誌協会の新たな取り決めは必要ないとする見解に対してである。

杞憂だとは思うが、出版が司法への恭順の姿勢を取っていないことへのあからさまな対応でなければよいのだが。

いずれにしても「社長の責任」の根拠を辿ると、7年前の「法定内での肖像写真の撮影・掲載で、旧商法条項の言論への適用」に行き着く。『週刊新潮』『週刊現代』を訴えた原告はこの適用の論拠に基づき出版社の社長の責任を主張したが、一方は認められ、他方は退けられた。また先述のように3年前、別の裁判でも同様な主張がなされたが、これも社長責任は退けられている。最高裁で確定した7年前の「法定内撮影写真掲載での旧商法条項適用」の判例といえども、どんな案件にも当てはめられるわけではない。それほど言論をめぐる判断は不確実とも言えよう。

以上のように、週刊誌を発行する出版社の社長の責任については否定的な立場で論じてきた。それは、雑誌メディアは、どんな記者クラブにも属さず、公権力から距離を置いて、公的組織や政治家をはじめ要職に就く重要人物の内幕やタブーに挑みあえて書く、そんなメディアの価値をあくまで主張し、信じるゆえである。

何物にもとらわれない自由な言論にこだわるということは、常に「社会的地位」や「名誉」「プライバシー」「人権」などと抵触しかねないことをテーマにするわけで、その意味では現実の社会的状況下、週刊誌という媒体はより厳しい。四面楚歌状態のここが踏ん張りどころ。自らを律して、厳しく責任を自覚していくしかないであろう。

「週刊誌力」とは何か？

「週刊誌力とは何か？」を改めて問う

「新聞力とは何か？」という標語を毎日新聞が問いかけていた。その伝でいけば、「週刊誌力とは何か？」という問いかけができよう。

その答えのひとつに格好の記事が話題を呼んでいる。

『週刊新潮』が２００９年に入って三度も記事にしたことで、鴻池祥肇・官房副長官が引責辞任に追い込まれた「女性関係」問題である。直接の引き金となった記事のタイトルは「愛人同伴ゴルフ&温泉の小旅行でＧＷを謳歌した鴻池官房副長官　涙目懺悔録」というもので、４ページに渡ってその一部始終が克明に描かれ、ご本人のインタビューも詳細を究め、まさに懺悔そのもの。今回辞任にまで至った決め手は〝新幹線での熱海往復議員無料ＪＲパスの不正利用〟に尽きよう。『週刊新潮』５月21日号では記事ばかりかモノクロ・グラビアでも「熱海の恋の物語」というテーマで6ページも使い、同伴写真やゴルフ場、ホテルの部屋の前、熱海市内の同伴散策など2泊3日のアヴァンチュールを報じている。この女性がらみの鴻池官房副長官のスキャンダル記事はこれ以前に同誌で二度も報じられて

＊初出誌
『総合ジャーナリズム研究』２００９年夏№２０９

いる。最初は1月22日号で次が翌週の1月29日号、いずれも言い逃れができない「証拠写真」付きの記事である。ちなみにそのタイトルはそれぞれ「鴻池官房副長官の議員宿舎に泊まる超一流企業の『美人妻』」「『議員宿舎妻』鴻池官房副長官に今度は『機密漏洩』疑惑」となっている。1月29日号ではグラビアもセットで、「副長官の矜持」と題した国会内写真や２００８年12月18、19両日の当該女性との逢瀬、年が明けてからの飲食店から出たところなど、こちらも詳細な隠し撮り写真が掲載されている。

結局これらのスキャンダルは、新聞やテレビが報じるところとなり、盟友・麻生首相の任命責任まで問われる事態を招いた。

『週刊新潮』は情報のキャッチから、調査、取材、記事作成まで、周到な準備と多くの時間をかけ、複数の編集記者、5名以上のカメラマンを何週間にも渡って動員したことがわかる。雑誌ジャーナリズムのこのような役割こそが「週刊誌力」ではないだろうか。それではこのような情報は、なぜ週刊誌の手に入ったのか？　それは、現在の日本社会では新聞・放送・雑誌それぞれの情報の棲み分けがなされているからだといえよう。「あることないこと何でも書くのが週刊誌」といった社会通念が大衆の中にある反面、芸能人やスポーツ選手、政治家など有名人のゴシップは、週刊誌の専売特許のような認識も片方にはある。加えて、男女の不倫、性的な趣味嗜好、身の下話の類は週刊誌の独壇場とみられてもいる。

週刊誌上でこの種の記事を数え上げれば枚挙にいとまがないが、特に政治家に限定しても新潮社『フォーカス』誌の「中川秀直・元官房長官の不倫写真」や『週刊文春』が女性の告白記事として何度も報じた「山崎拓議員と外遊同行女性問題」同じく「山崎拓議員の性的な趣味嗜好」記事。古くは、『サンデー毎日』誌がスクープして、首相の在位69日という超のつく短命内閣となった「宇野宗佑首相の告発女性スキャンダル（指3本で愛人契約）」などなど、新聞やテレビが報じない政治家の男女関係、性的なスキャンダルは、週刊誌の真骨頂といえるだろう。

政治家ではないが3年前、安倍内閣の目玉人事をつぶした『週刊ポスト』のスクープが思い起こされる。当時、税制の専門家として名高い本間正明・元大阪大学教授を税調会長に抜擢するというもので、彼が東京に移るに際して、大阪・北新地の女性と官舎に同居しているというスキャンダルであった。この記事によって、税調人事は白紙に戻されてしまう。記事も写真が大きな決め手となり、有無を言わせぬ事実を突きつけることとなった。

このように全人格が問われる政治家や高級官僚のようないわゆる公人、社会的な地位や権威、権力者達の女性にまつわるスキャンダラスな情報は、ほとんどが週刊誌に寄せられる。〝タレコミ〟と称されるそれらの情報の真偽の見極めには、週刊誌特有の情報探索、人脈が動員される。ホントかウソかわからない怪しげな情報をかぎ分けるにはその筋の人たちがやはりいる。蛇の道はヘビなのである。

ところがこのようなきわどい情報を記事にするのはやはり難しい。『週刊新潮』が「騙された」と称した「朝日新聞社阪神支局襲撃犯の手記」もまたタレコミ情報の「罠」に陥ったものであった。

「鴻池スクープ」とは似ても似つかない取材手法、写真撮影などあらゆる点で裏付けが甘すぎた。「これが同じ編集部が行ったことなのか？」と訝る向きさえあるだろう。しかし、おいしそうな情報には紙一重で危険があることもまた事実。編集部内で、真偽を冷静に判断できないある種の思いこみ、情報独占、占有などは取材記者、編集者がはまる落とし穴ともいえよう。

「週刊誌力」の証明

さらに「週刊誌力」の証明になるのが、2004年の『週刊文春』差し止め訴訟ではないだろうか。田中真紀子議員の長女の離婚記事をめぐり、東京地裁へのプライバシー侵害差し止め請求が認められて、結局、発売禁止措置が取られた。（東京高裁では判断が覆る）総合週刊誌や写真誌は、多いときは年に数回は、緊急差し止めの訴えが出されて、原告、被告双方が東京地裁の審尋を受ける。しかし、ほとんどの場合、双方が譲り合い和解で決着するか、あるいは発売後、民事訴訟になる。ではなぜこのような事態が起こるのか？　それが、新聞や放送とは異なるテーマ、取材、記事表現にある。つまり、隠された事実、知られたくない真相、公的機関の秘密事項などは、正面から取材しても出てこない。知られたくない情報こそ知りたい情報でもある。週刊誌は、新聞や放送、通信では知り得ない情報を商品として売り、買ってもらって初めて成り立つ商売でもある。誰もが知っている情報に購入価値はない。財布から300円あまりを出してでも見たい、読みたい記事があるから成り立つ商売なのである。その購買は、宅配新聞や茶の間のテレビのスイッチとは格段に異なる。だからこそ、リスクを背負ってでも、あえて記事にするのである。

民事裁判で、裁判官が「売らんかなの記事内容」と、度々指摘するが、「売らんかな」は、現実的にみてこの産業の宿命ともいえる。もちろん裁判沙汰は避けたいし、人権尊重、名誉やプライバシーも侵害したくはない。しかし、その相反する微妙な部分にこそ真相が隠れているケースは多いのである。そこにこだわる記事作りに「週刊誌力」が宿るともいえよう。差し止め請求がなされる危険負担はできるだけ避けたいのだが。

「週刊誌力」と官からの自由

最後にもうひとつ「週刊誌力」の大事な点を上げておこう。それは、官によってもたらされた情報とその管理から自由という点である。

新聞や放送、通信などのメディアは、立法、行政、司法、諸団体などの組織の中に「記者クラブ制度」という便利で、相互に依存の関係を築いている。お互いの関係性から生じる〝しがらみ〟は時として、政治家個人や諸官庁の高級官僚、○○協会の不祥事などを糊塗してしまいかねない。相撲協会ともちつもたれつの関係にあるスポーツ新聞、放送局からは「大相撲のスキャンダル」暴露は難しい。

折りしも2009年5月末、時津風部屋・時太山の暴行死亡事件で、前親方に懲役6年の実刑判決が下された。これが、表面化したのも『週刊現代』のスクープからであった。その意味でも週刊誌は、官に縛られない自由な媒体、言論機関ではある。

〈コラム〉

「週刊誌」報道の真骨頂であった2011年「大相撲八百長」事件

あの「3・11東日本大震災」の少し前、2011年、力士の野球賭博に端を発した「大相撲八百長」事件が発覚した。毎日新聞のスクープであったが、力士の携帯電話に残された八百長の動かぬ証拠に新聞、放送は大騒ぎとなり、ついに相撲協会も大阪・春場所の中止に追い込まれた。関わった多くの力士の廃業処分も行われた。

しかしこのような大相撲における八百長の実態は、すでに30年以上前から雑誌『週刊ポスト』が大々的なキャンペーンを行い、毎週のように記事にしてきた。

注射（ちゅうしゃ＝八百長のこと）、中盆（なかぼん＝八百長の仲介者）、ガチンコ（本気の取り組み）などの相撲界の「隠語」を力士の口から聞き出し、その仕組みやカラクリをたびたび暴いてきていた。それも週刊誌上で、1年や2年ではなく、10年以上に渡って記事にしてきていた。今回のような十両、平幕止まりではなく、横綱、大関の超有名力士も俎上にのせて何度も詳しく証言入りの記事を掲載していた。

週刊誌記事への大新聞や放送、スポーツ新聞の反応は全くなく、「勝手に書かせておけば」程度の反応に終始した。その背景には、大メディアの相撲記者クラブ制度があり、協会と記者双方の取材許諾、情報交流、お互いに依存してきた体質によるところが大きい。

しかし、今回は全く異なった大反響で、その後の処分や本場所中止などに及んだ。これも大新聞が火をつけたことに起因するが、最も大きな原因は、第一報がスポーツ担当からというより、社会部、警察の取り調べ情報に端を発したからであった。

出版・雑誌のゲリラ的な取材や報道が嫌がられ、忌み嫌われる側面には、スポーツに限らず、司法、行政など公的領域すべてに設けられている日本特有の記者クラブ制度が横たわっている。

第3章

表現の自由と私たちの取り組み

―日本雑誌協会・編集倫理委員会　年次レポート

本章の内容

この章は、私が約10年間、委員長を務めた日本雑誌協会・編集倫理委員会の年次報告書である。編集倫理委員会とは、雑誌の編集に関係する倫理的な問題―政治的、法律的、社会的な記事・写真などからコミック表現に至るまで―雑誌の倫理に関わるテーマを論議する場である。

委員会は毎月開かれ、加盟40数社の編集総務スタッフが参加して、その時々のテーマに沿って論議し、方向性をさぐり一定の了解を共有する会合である。１年間のテーマや論議内容、結論をまとめたものが委員長による『年次報告書』になっている。その意味では、毎年、毎年発生する「出版倫理」に関わる主要な問題を網羅しているともいえよう。

母体である「日本雑誌協会」は、1956年に結成された業界団体である。日本書籍出版協会、日本出版取次協会、日本書店商業組合連合会などとともに、出版に携わる業界団体としてその任にあたっている。また言論・報道機関としても日本新聞協会、日本民間放送連盟とともにその役割の一翼を担っている。

現在、協会加盟社は92社で、発行雑誌数は約1200誌にのぼる。

発行部数や販売額では、雑誌全体の85%以上を占めている。

編集倫理委員会　年次レポート　2004年

＊初出誌
『日本雑誌協会・編集倫理委員会　年次レポート　2004年』

おそらく編集倫理委員会のこの「2004年度　年次レポート」は出版・雑誌史上、重大な事態が起こった年として長く記憶されることになるだろう。

それは、2004年の出版界10大ニュースにも選ばれている「週刊文春発売差し止め事件[＊]」と「東京都・青少年健全育成条例改正に伴う成人雑誌規制と措置」にある。2004年はほかにも、雑誌の〝偏見報道〟条項や、裁判員への取材制限につながりかねない「裁判員法」の成立、情報成果物を対象にした「改正下請法」の実施、内部告発制限法と揶揄される面もある「公益通報者保護法」の成立、単純所持や罰則が一段と強化された「児童買春・児童ポルノ処罰法」の改正などなど、ここ数年の「メディア規制法案」を巡る政府与党と出版メディアとの攻防が一気に噴出し、決着を強制され、出版メディアへの具体的な仕打ちとして実施された年といえよう。

＊週刊文春発売差し止め事件　49ページ参照。

まず、3月に発生した『週刊文春』発売差し止め事件は、週刊誌への慰謝料請求訴訟が多発し、判決における損害賠償額も高騰する中、司法当局によって、プライバシー侵害という判断がなされ、発売差し止めにまで至ったことで、社会を震撼させる一大事件として日本中の耳目を集めることとなった。発行部数70万部を越える極めて著名な週刊誌に対して、「発売まかり成らぬ」という東京地裁の処分がなされ、東京高裁では、その判断は覆ったものの、この決定が与えた社会的な影響は計り知れないものがあった。現実に司法の判断、それも一裁判官の判断で、メディアの報道・表現の自由を縛ることができる、プライバシー侵害か否かを裁判で争うことなしに、裁判所がわずか数時間で決定を下せるという事実を突きつけられたことが、司法の独立性や裁判の公平さを信じていたメディアにとっては恐怖に似た思いを抱かされる結果となった。

憲法で保障された「言論の自由」「報道・出版の自由」が、いかに脆いものかと今更ながら知らされると共に、4月には全面的に実施される「個人情報保護法」の出版メディアへの適用を危惧せざるをえない。「個人情報保護法」の条文では、適用除外になっていない出版メディアは、記事になる前の先行取材や調査段階でもストップをかけられかねない。出版社は個人情報の取り扱い事業主としても、読者の個人情報や取材対象者リストなど法律の網はどこにでもかけられそうな状況にある。

また7月実施の「改正東京都青少年健全育成条例」の出版物規制は、青少年への影響を考えた出版社側の自主規制としての「小口シール止め*」が徹底され、一定程度の効果を示し、大きな問題の発生には至らなかった。しかし、横浜市、神奈川県、大阪府など「小口シール止め」措置では生ぬるいという判断も出されて

＊小口シール止め
本や雑誌の背と反対の開き部分を小口（こぐち）という。その部分にシールを貼って開けないように措置すること。

きて、より効果的な措置を求める動きも出てきつつある。青少年に「有害」「不健全」という曖昧な規制での条例の強化が、ますます進み、今や販売の主力となったCVS（コンビニエンスストア）の規制と相まって、予断を許さない状況が続く。折りもおり、10代前半の少女向けティーン誌の行き過ぎた性表現を、東京都が知るところとなり、青少年への有害誌として緊急指定の動きを見せたため、雑誌協会でも、重大事と受け止め、発行元へ厳重に注意を促し、当該誌の編集方針や誌名の変更も取り付けた。この雑誌は、「雑誌編集倫理綱領*」の観点から見ても「出版・表現の自由」を主張できるレベルではなかった。

次に2003年から、論議の的になっていた「裁判員法案」も、5月に成立し、2009年から実施されることになった。重大刑事事件の第一審に裁判官と共に6人の成人が選ばれて審理にあたり、判決まで下すことになる。当初、メディアの事件報道が、裁判員に予断を与えるということで、報道規制の動きも懸念されたが、その条項は取り除かれた。しかし、裁判員は、自分が関わった裁判の守秘義務を一生負う点や裁判に関する取材を受けても判決内容は語れないことなど、メディアの知る権利、取材の自由にも関わる問題点はそのままで成立し、施行までにはまだまだ揉むことになりそうだ。

その他「改正下請法」では、フリーのプロダクションやデザイナー、ライターなど情報成果物作成に携わる方々と出版各社の関係が法律で規定され、仕事代金

＊雑誌編集倫理綱領

1963年（昭和38年）制定。97年（平成9年）改定。雑誌の使命と社会的責任を謳い、高い倫理水準を保つことを唱える。

以下5項目の尊重を掲げている。

1　言論・報道の自由
2　人権と名誉
3　憲法及び制定法
4　社会風俗（秩序やモラル）
5　雑誌の品位

日本雑誌協会のWebで全文が紹介されている。

の支払いの遵守、また強制的な仕事の押しつけ禁止など経済情勢を反映した問題点が指摘され、現在、公正取引委員会より各社に調査が行われている。

「公益通報者保護法」も、マスコミに内部告発するには会社、行政と、手順を踏んで行わなければ、保護の対象にはならない、という法律で、一部では情報の〝タレ込み〟禁止法ではないかとさえ指摘されている。

「児童買春・児童ポルノ処罰法」も、「単純所持*」が対象になりそうで、より厳しくなると同時に、刑罰も罰金も極めて重くなった。ただ気がかりなコミックにおける性描写やアニメなどは含まれないということで、特定人物（児童）の性描写以外の表現規制には及ばなかった。

このように様々な動きが起こった一年だったが、各都道府県の青少年有害・不健全条例の動きに代表されるように、２００５年度も引き続き問題になる内容が多く、編集倫理委員会もその都度、論議を重ねることになりそうだ。

＊単純所持
18ページの「児童ポルノ禁止法」改正の項を参照。

編集倫理委員会　年次レポート　2005年

＊初出誌
『日本雑誌協会・編集倫理委員会　年次レポート　２００５年』

編集倫理委員会「２００５年度　年次レポート」の前書きとしてまず触れておかなければならないのは、この編集倫理委員会では取り上げるテーマに事欠かないほど多くの切実な問題を抱えているという点である。各委員からの詳細な報告や活発な意見が出されて、会議時間が延長されることもしばしば起こった。

まず年初の２月例会に、問題となるテーマのほとんどが出された。

◇　１月に出された東京都青少年問題協議会による緊急答申への対応策の検討

◇　昨年から続く、横浜市の有害図書の青少年への販売防止対策検討委員会の報告

◇　通常国会での「人権擁護法案」上程の動きへの対応策

◇　同国会での「憲法改正国民投票法案」急浮上問題

◇　４月施行の「個人情報保護法」の出版社における手引き作成

以下、毎月のように論議すべき問題が発生したが、特に雑誌の表現を巡るトラブルや新たなメディア規制問題には、人権小委員会や個人情報・人権問題特別委員会が緊急招集された。

最も大きな問題は、２００５年度も概念が不明確なまま行政による「有害図書」

「不健全図書」規制が行われたことである。この規制を決定づける文書として、上記のように1月に出された東京都青少年問題協議会の緊急答申「青少年をめぐる社会的諸問題の解決に向けて」と、横浜市の有害図書の青少年への販売防止対策検討委員会（戸田副委員長が委員の一人として参加）「青少年育成に向けての12の提言」を挙げることができる。特に横浜市の「提言」に盛られた一文「現行の雑誌のシール止めはすぐはがせて元に戻せる、有害図書にいわゆる〝グレーゾーンの図書〟を加え、実効性のある販売防止策について検討すべし」というくだりは問題で、これが、日本フランチャイズチェーン協会（コンビニエンスストア）への要請となり、日本フランチャイズチェーン協会から雑誌協会に対し「シール止めを進化させて欲しい」という新たな提案がなされた。この提案ではそのほかにも「シールの幅を7～8センチの大きさにする」「シールに18歳未満お断りの文章の記入」などの要望も出された。

結局、04年苦渋の選択で合意した「透明な3センチのシール止め」から瞬く間に変更を強いられることになった。その後、横浜市の青少年対策検討委員会の会合や日本フランチャイズチェーン協会との度重なる話し合いの結果、「シール上への文章記入」「小口の全面シール止め」「雑誌完全シュリンク*」などなどの要望を退け、最終的に9月になってグレーゾーン誌については「色つきシールの小口上下2カ所止め」で合意がなされた。この間の戸田副委員長をはじめ雑協事務局、

＊雑誌完全シュリンク
雑誌の中身を開けて見ることができないように、ラップフィルムなどで全体を包むことをいう。

関連会社倫理委員の方々の努力には頭が下がる思いである。この合意は、横浜市、神奈川県、東京都など八都県市（他に埼玉県、千葉県、川崎市、千葉市、さいたま市）にも行き渡り、早速11月から該当誌を持つ出版社は、新たなブルーのシール二カ所止めを手作業で一誌一誌行い、各コンビニエンスストアに搬入している。このような経緯は、編集倫理委員会でも毎回のように討議され、自ら作った雑誌を開けないようにシール止めすることが、如何に厳しい措置かを認識しつつ、苦渋の選択を強いられる現実を直視せざるを得なかった。今回の協議を通じて、このような措置を繰り返すことの空しさ、切なさを実感したのが各委員の共通の想いで、雑誌協会としても今後、今回の措置を簡単には変更しない決意を新たにした。

また4月1日から施行の「個人情報保護法」には、出版社として事業主の責任から「出版社における個人情報保護対策の手引き」を雑誌協会と書籍出版協会共同で作成し、読者や取材先、関係各位の個人情報保護には万全の体制で臨むことにした。しかし、この「個人情報保護法」は「報道の自由」の観点から雑誌協会が一貫して反対してきたように、市民社会の中で多くの誤解を生じ、匿名化社会、顔の見えない社会を作り出してしまった。これは、行政の失態以外のなにものでもないだろう。本来、個人情報保護法は、行政機関の保有する個人情報の管理、運用を厳しく規定する法律だった。それを、民間にまで無原則に広げて規制したところに問題がある。そのことが明らかになったといえよう。さらに4月半ばに与党サイドから「個人情報保護法」の改正案として「情報漏洩罪」の追加、つまり事業主を対象にした法律に個人の情報漏洩罪を加える狙いの改正案が出されようとしたが、正当なメディアへの情報提供を〝漏洩〟であるとして、新たなメディア規制を生みかねないため雑誌協会として反対を表明したところ、現在まで改正案は提出されていない。しかし、この改正案の狙いは、2006年4月施行の「公益通報者保護法」とリンクして、メディアへの企業や行政サイドからの内部告発を押さえる役目を果たしかねない危惧がある。

同じく、「人権擁護法案」に関しても、メディアによる取材時の〝人権侵害〟を差別や虐待、公権力による人権侵害と同列に扱い、報道を規制する目的が歴然としていることから再上程に反対した。一方で与党サイドからも「人権の概念が曖昧で国家に反逆する集団の人権を守ることになりかねない」という全く異なる観点から反対の声が高まり、一頓挫している。

急浮上した「憲法改正国民投票法案」も改正是か非かをメディアが報じる事まかり成らぬ、という規定が与党の改正案で打ち出されて、とんでもないメディア規制案として論議の的になったが、時期尚早として、衆議院法務委員会でも審議が進んでいない。

そのほか「犯罪被害者救済法」「組織犯罪処罰法改正案」（いわゆる「共謀罪」）な

どについてもメディア規制の怖れ有りとして、問題視して論議したが、「犯罪被害者救済法」は、金銭的な救済や訴訟支援など内容的に賛成できる点もあったが、メディアへ公表する場合、犯罪被害者の氏名、住所などを匿名にするか実名にするかの判断を警察が握ることに問題があるとして、雑誌協会としては反対を表明した。「共謀罪」に関しては、犯罪の実行行為がなされないのに、話し合っただけで逮捕拘禁することへの危惧を論議した。戦時中、治安維持法違反という冤罪で出版社社員が5人も虐殺され、30数人が起訴された「横浜事件*」の再審判決が今週（2月9日）出される折、この「共謀罪」は「平成の治安維持法」的運用の怖れがないとはいえない。その意味で今後とも論議していくべき法案といえよう。

これらの他にも倫理委員会で論議したテーマは多々あるが、ここ数年の行政当局の様々な動きからして、今後とも倫理委員会の姿勢を正して、気概を持って取り組むことになりそうだ。

＊横浜事件
17ページのコラム参照

＊雑誌人権ボックスの概念図

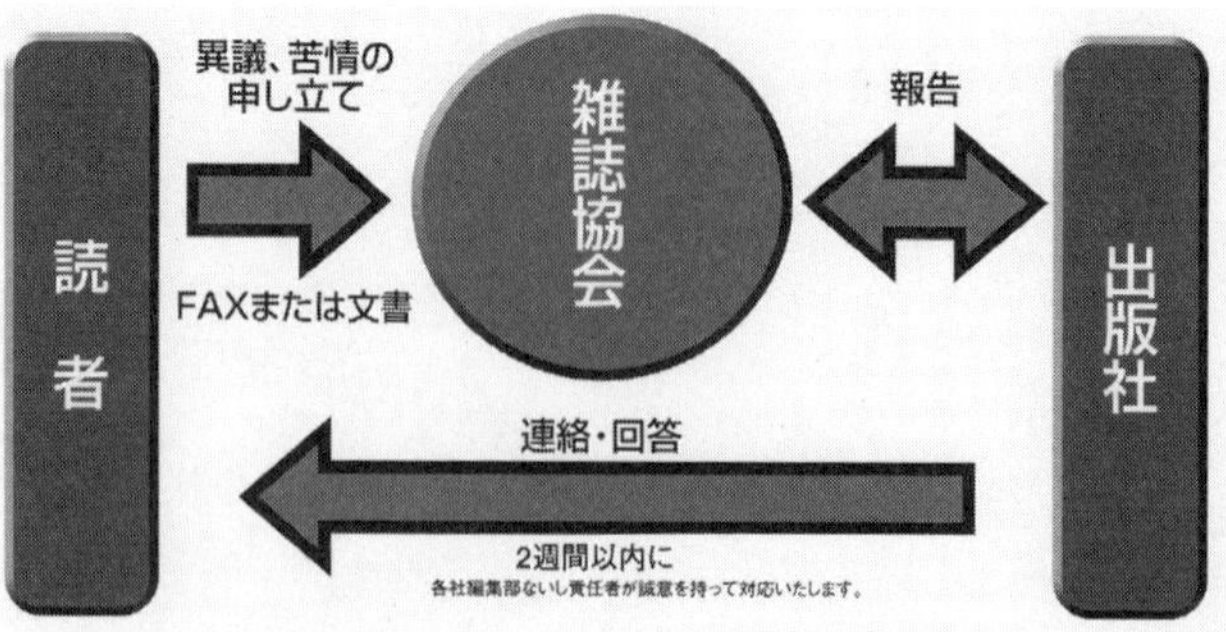

◇資料

「雑誌人権ボックス」の設置提案書

日本雑誌協会の中に「雑誌記事や写真で人権侵害を受けた」と訴える方の受け皿、つまり、「受付の窓口」を設ける提案文書である。

この提案を受けてさまざまな角度から検討し、2002年、日本雑誌協会では、「雑誌人権ボックス」(前ページ脚注欄参照)を設置した。

以下は、2001年12月に日本雑誌協会・編集委員会で私が初めて提案した時の提案趣旨内容である。

〈「雑誌人権ボックス」設置提案書の概要〉

ここ数年、マスメディアに対する批判の矢は、政府の「規制三法案」に加えて、司法の強権発動的「損害賠償額」の高額化に示されるばかりでなく、社会的、大衆的な批判も目立ってきた。民間放送界ではいち早く第三者機関である「放送と人権等権利に関する委員会機構(BPO)」を立ち上げ、さらには「放送と青少年に関する委員会」も設置して、世論や立法、司法、行政への対応も示している。また、新聞業界でも朝日、読売、毎日をはじめブロック紙や地方紙も含めて二十数社が第三者による紙面審査委員会を設けて活動している。

そんな中「雑誌はどうするのか」という問いかけがマスメディアに関わる学者、文化人、日弁連などから再三再四なされてきた。このような情勢の中、雑誌メディア界の対応も急務となり、それぞれの社が、独自に第三者機関やオンブズマン制度を検討してきた。しかしここにきて、やはり雑誌には第三者の介入につながる制度はなじまないという現場の声を反映した見解が大勢を占めつつある。

そこで、「ならば何が可能か」「できうることは何か」――この観点から探ると、業界団体の「日本雑誌協会」の各委員会の活動に鑑みて、各雑誌を横断した人権相談窓口を設けて、人権関連問題における雑誌への抗議の受け付け窓口の一本化が検討できるのではないか、と考えた。各社での対応が無理なら、せめて業界を横断した窓口を設けて、各社にその窓口を通して、人権問題に正対するようにしてはどうだろうか。

今は、“雑誌業界も人権問題でアクションを起こしている”という社会的アピール、その認知こそが重要だと思う。ここは是非皆様で検討願いたい。

編集倫理委員会　年次レポート　2006年

＊初出誌
『日本雑誌協会・編集倫理委員会　年次レポート２００６年』

「年次レポート」を書き始めたちょうどその日、1月19日、安倍首相による「組織犯罪処罰法改正（共謀罪）」の成立を優先させる（1月25日から始まった通常国会において）という指示がなされた。後日、この発言に対して、与党幹部から打ち消しの発言もなされたが、予断を許さない状況であることには違いない。同日もう一つのニュースが目を引いた。横浜事件の控訴審判断が下され、東京高裁は無罪審議をするにあたわず、との判決を出した。戦時中「治安維持法」違反で出版人が5人（1人は出獄後亡くなる）も獄死するに至った事件の再審（控訴審）敗訴と〝平成の治安維持法〟とまで称される法律＝「共謀罪」の成立を願う首相の発言は、われわれ出版人にとって、重～い時代の空気を実感させられる。

この「編集倫理委員会レポート２００６」の冒頭も、２００５年の年次レポートを受けて、このような「メディア規制」の動きについて記すことは残念である。しかしやはりこの1年もメディアとその報道規制が問題にならないことはなかった。まず一昨年の年の瀬、押し詰まった12月28日に「犯罪被害者等基本計画」が決まり、事件報道における「実名」「匿名」が警察の発表に、ゆだねられることへの「反対の意見書」を提出した。２月には先述の「横浜事件」の無罪を求める再審請求が横浜地裁で退けられ「免訴」*という判断が出され、司法権力の壁を実感させられた。

4月には「憲法改正国民投票法案」を巡り、新聞協会、民放連・NHKとともに雑誌協会も参考人招致に応じ、「偏向報道」や「歪曲記事」という「報道規制」条項に反対する意向を明確に示し、憲法改正の是非を巡っては、自由な記事報道、論評こそが大切であって、一切の規制の必要はなしとした姿勢を貫き、新聞、放送とも足並みを揃え、この規制を打ち破ることができた。

5月には「探偵業法」という議員立法の法案が突然提出され、あっという間に成立してしまった。この法案の問題点にいち早く気づいていた雑誌協会では、成立直前に提出議員に質問状を託し、メディア、作家、ライターは適用除外とし、議事録に載せることができた。また、委員会の「附帯決議」にもメディアやフリーライターは適用除外と明記させた。探偵業に対して公安委員会への届け出と立ち入り調査を認めた法律だけに、探偵の仕事と取材活動の類似点を考慮すると、危ういところだったといえよう。さらに、この法律の恣意的な拡大解釈・運用の危険性に対して、個人情報・人権問題特別委員会として「緊急声明」を出し、念を押しておいた。

9月には小泉政権から安倍政権へバトンタッチされ、臨時国会では「憲法」とともに戦後民主主義を支えてきた「教育基本法」がさしたる論議も行われないま

＊免訴
　訴因となる法律が、既になくなっているので、訴訟そのものを免ずる、つまり、判断しないという意味である。

ま改正された。全国で行われた「教育基本法改正の公聴会」なるものが、質問者にあらかじめお金を払って仕込んでいたことが判明し、公聴会はいわゆる〝やらせ〟だったのではないのかとの批判が噴出した。また民主党も合意して防衛庁が防衛省に昇格したことも、戦争放棄の憲法の精神との矛盾は何ら論じられることなく成立してしまった。そして、いよいよ本丸「憲法改正」論議の準備が着々となされている。憲法21条「言論・出版の自由」「一切の表現の自由の保障」――この制限、改正の突破口になるのが「性表現」である。つまり、青少年への悪影響という錦の御旗を掲げた「性表現」規制が端緒を開く可能性は大きい。当日本雑誌協会の編集倫理委員会はこの「性表現問題」を毎月のテーマに開催してきたし、主要なテーマはそこに尽きると言える。この1年も、「小口シール止め」問題が編集倫理委員会の議題として上がらなかった月はなかった。特に3月の委員会では、東京都治安対策本部松永課長より、「このところ〝小口シール止め〟雑誌の中身が過激になってきている」との指摘を受け、「小口シール止め」とは、どういう位置づけなのか？　という本質に立ち返った問題を論じた。

そもそも成人マーク（18禁マーク）誌は、性表現において青少年に見せてはならない、買わせないもので、書店では区分陳列をしなければ売れないもの。これに対して「小口シール止め」の定義は、青少年に見せて好ましくない程度の中身の雑誌をグレーゾーン誌として、これの小口を2カ所シールで止めて、しかも区分陳列して書店やコンビニエンスストアで取り扱うというもの。

この〝小口シール止め〟措置は、日本フランチャイズチェーン協会（コンビニエンスストアの全国組織）と日本雑誌協会、出版倫理懇話会との紳士協定で、都道府県条例で明文化されたものではないので、あくまで中身は成人指定表現であってはならないし、守るべき内容を尊重しなければ、協定違反となる。

6月には「小口シール止めを隠れ蓑にして内容が過激になってきている*」「シール止めをはがす傾向のお店もある」「PP加工誌のシールははがれやすい」などの指摘が出倫協関係の報告でなされる。7月14日、東京都治安対策本部に懇話会とともに呼ばれた席で、「さらに過激になってきている小口止め雑誌で同じ雑誌が3回呼ばれたら、指定することになる、刑法175条スレスレのものも出てきている」との厳しい指摘をされる。東京都による小口シール止め誌の不健全図書指定の動きがいよいよ現実味を帯びてきた。

10月には日本フランチャイズチェーン協会との意見交換会の席で、「一部のレディースコミックの性表現について問題有り」との指摘がなされる。関西地区のコンビニエンスストアから苦情が出ているとのことで、雑誌名の公表を巡ってやりとりがなされた。11月14日に行われた「東京都との意見交換会」では、雑誌協会と懇話会に対してついに「要請」と「今後の方針」が示された。

「要請」

*内容が過激になってきている
　雑誌などを開いて見ることができないように小口をシール止めされている場合に、かえって内容が過激にエスカレートしてくるという意味。

1　小口シール止め誌について

◇シールが剥がれやすいので、取れにくくして欲しい。

◇包装、紐掛けと比べ見た目のインパクトが弱い。一歩進めた方法を考案して欲しい。

2　マーク表示誌について

表示図書（成人マーク、18禁マーク誌）を包装して欲しい。

（平成16年の条例改正により、表示図書については売らない、包装する、区分陳列する―この3点が、書店への努力義務規定に入ったことが、今回の要請の背景にある）

「今後の方針」来年（2007年度）1月より、内容が過激なシール止め誌の出版社を直接都庁へ呼び、注意していく。

このように時系列を辿って見てみると、編集倫理委員会が抱える課題の大きさや難しさが浮き出てきて、あらためて今後の委員会の姿勢が問われてくる。国や地方の立法・行政機関がメディアへ向ける眼は年々厳しくなり、具体的な施策も実施されている。同時に読者の批判も大きく、ここ数年、雑誌メディアは売り上げの減少が続いている、しかしこのような時期だからこそ、その存在意義を毅然と訴え、主張すべきは主張して独自性を保っていくべき時であると考える。

◇資料　一連の「名誉毀損判決」に対する私たちの見解

2009年4月20日
社団法人　日本雑誌協会
編集委員会 委員長　上野　徹

今年に入ってから、週刊誌に対する名誉毀損訴訟の判決において、容認しがたい司法判断が相次いで出されています。

これまでも、雑誌が名誉毀損、プライバシー侵害等で損害賠償を課されるケースは少なからずありました。しかしながら、年初からこの3月末まで「超高額の賠償金」や記事作成にかかる「出版社社長の管理責任」、さらには「当該記事そのものの取り消し広告の掲載」といった、雑誌メディアがいままで経験したことのない異様ともいえる判決が続出しており、各雑誌編集の現場のみならず雑誌ジャーナリズム全体を揺るがせかねない事態を招いております。

もとよりそれぞれの訴訟案件はあくまでも個別事案であり、一概には論じられません。しかし、4000万円を超える高額の賠償金額算定法はきわめて曖昧であり、その基準が何に拠るのか、明確にされてはおりません。また記事作成にかかる出版社社長の過失責任、監督・指導体制に言及した判決では、「悪意又ハ重大ナル過失アリタルトキハ、其ノ取締役ハ、第三者ニ対シテモ亦連帯シテ損害賠償ノ責ニ任ズ」と定めた旧商法の規定を安易に言論機関にあてはめており、雑誌編集活動を萎縮させる効果を狙ったものといわざるを得ません。さらに「当該記事そのものの取り消し広告の掲載」命令にいたっては、記事そのものをなかったことにせよ、というに等しく、まさしく司法による言論への介入というべきものです。

このように、雑誌ジャーナリズムのあり方をめぐって、懲罰的ともいえる判断が続出する背景には何があるのでしょうか。これまで出版社、とりわけ週刊誌・月刊誌は、なにものにもとらわれない自由な言論を標榜するジャーナリズムとして、政治家・官僚・財界人などから距離を置き、タブーを恐れず報道してきました。公人や著名人の疑惑や不正、人格を疑うような行為に対しても、敢然と取材をし、真相を読者に伝える、そこにこそ雑誌メディアの存在理由があると信じます。

司法のあり方に対してもそれは例外ではありません。国民の過半数が否定的な意見を持つといわれる「裁判員制度」についても、私たちは厳しく問題点を指摘してきました。その「裁判員制度」の実施が迫ってきたこの時期に、相次いでこのような判決が下されているのは決して偶然ではなく、司法権力の雑誌に対する明確な意思の表れ、といわざるを得ません。

もちろん、裁判所から指摘される「取材不足」、「真実相当性の弱さ」などについては反省し、自らを厳しく律していかなければならないのはいうまでもありません。それは司法の指摘を待つまでもなく、私たちに課せられた義務であります。

ここに、裁判所による一連のきわめて恣意的で言論抑圧とも受け取れる判決に対して、私たち雑誌ジャーナリズムの現場からの見解を表明し、これからも臆することなく堂々と報じていきたい、との決意を新たにするものであります。以上

編集倫理委員会　年次レポート　2007年

＊初出誌
『日本雑誌協会・編集倫理委員会　年次レポート　２００７年』

この編集倫理委員会にはＯＢの集まりである「大根会」なる〝組織〟がある。年に一度、12月に「会合」といっても有志が集まっての〝近況報告の飲み会〟が開かれ、そこで現職の倫理委員長が、１年間の活動報告もどきを行う。私も毎年この行事に参加して報告している。ＯＢ諸氏からは励まされたり、アドバイスを受けたりの楽しい時を過ごす。昨年の「大根会」の席で、少女系コミックの性表現問題が、年間を通しての論議の的であったことを報告したところ、その問題は、自分たちの倫理委員の時も大問題となり、大いに論議したことがあったと教えられた。振り返ってみると、今から20年以上前にも「少女と性表現」をめぐっては、確かにすさまじい問題が起こっていた。

07年に編まれた「日本雑誌協会 日本書籍出版協会 50年史」（１９５６～２００７）にはその経緯がまとめられている。コミックではないが、「国会で少女雑誌の記事が焦点に」という見出しで、１９８４年（昭和59年）2月、衆議院予算委員会の席で、自民党・三塚博議員が少女雑誌『ポップティーン』『ギャルズライフ』などのＳＥＸ記事を取り上げて質問、当時の中曽根首相が厳しく取り締まることを答弁し、立法化の動きにつながった経緯を記している。だが、結局、この立法化は出版各社の自粛措置、休刊や発売中止もあって、結果的に見送られた。しかしこの年から編集倫理委員会も新たな対応を余儀なくされることとなる。現在も活発に活動している「倫理専門委員」制度を設け、月に2回の雑誌通覧を開始し、ケースに応じて各雑誌の発行人や編集人に警告文書を送るようになった。

さらにコミックの性表現問題では1990年（平成2年）和歌山県田辺市の「コミック本から子どもを守る会」が小学館発行『ヤングサンデー』連載の「ANGEL」をポルノコミックと指摘して、この動きが各都道府県に広がり、結局「ANGEL」は連載中止、単行本も発売中止になるという事態となった。この問題以降90年代を通して、いわゆる雑誌の「識別マーク」表示などの自主規制が始まることとなり、「成年コミック」「成人向け雑誌」などのマークにつながっていく。

このような過去の経緯に触れてきたのも、2007年度を通して問題となった「少女系コミック」誌とともに、05年からのグレーゾーン誌[*]の小口シール止め措置（未成年者への配慮から行われる自主規制）やその後の行政当局との対立、相次ぐ東京都による協会会員誌の諮問図書指定など、このところの動きが、過去の厳しい事態につながりかねない危惧からに他ならない。先輩諸氏の経験を聞き、雑協・書協50年史を振り返ることで、その時々に対応してきた倫理委員会の重い決断や措置が十分窺える。

2007年度の動きは、確かに緊急事態というまでには至らなかったものの、

*グレーゾーン誌
成人指定や「禁18」マークはされていないが、一部自治体やコンビニなどから、未成年者への配慮が必要とされた雑誌類を指す。

「少女系コミック」誌問題は解決してはいないし、国会の動きは予断を許さない法案の提出にまで及んできている。12月に突如浮上した自民党・高市早苗議員を中心とした議員立法試案「青少年の健全な成長を阻害するおそれのある図書類の規制に関する法律案（仮称）骨子案」の動向には目が離せない。07年1月、高市議員に会って取材したところ、すでにほとんどの自民党議員には了承を取り付けていて、新聞や放送の有識者にも意見を伺って、賛同を得ているので、全く問題なく成立できる予定とのこと。もちろんこちらは反対の意思を明確に示し、出版業界の自主規制や対策を考慮して都道府県条例レベルで十分ではないのか、こちらも年々厳しい条例に沿った取り組みを行っている旨伝えた。がしかし高市議員は、バラバラな都道府県条例を国が一本化するだけだから問題ないと重ねて語り、さらに法案のどの部分が問題なのか？　と具体的に話を進めてきた。

こちらとしては「法案」そのものが不必要ではないのか、と返すべきであったが、それでは会談がお仕舞いになるので、この法案の最も重要なポイント「青少年健全育成推進委員会」に映倫やビデ倫、雑協、出倫協の第三者機関「ゾーニング委員会」*のメンバーなどを入れて、民間の自主規制を尊重しなくてはダメだとはっきり言明し、あえて言えばそれが法案の最低条件とも付け加えておいた。当然話はつかなかったが、この法案が２００８年度の通常国会で成立すれば、罰則も含めて、出版産業にさらに大きな痛手を与えることは火を見るより明らかだろう。

＊ゾーニング委員会
　出版業界の第三者機関。委員長や委員に3名の学者、文化人を起用し、出版界から各団体代表によって構成される。主に青少年に対して配慮が必要とみなされる表現のチェック、判断を行い、該当する編集部、出版社に「意見書」を出し、対応措置を要請する。

当然、法律条文は拡大解釈され、事前規制、取り締まり、さらには言論・出版の自由を脅かすことになりかねない。雑協、書協共に早急に対策委員会を設けて、法案阻止に立ち上がるべきだと考える。

その他2007年度、編集倫理委員会の主な対応を上げておくと、年初から「レディースコミック」誌や「ティーンズコミック」誌を巡り、日本フランチャイズチェーン協会との交渉が行われ、未成年が手に取れないようにすべきという要求に対して、明らかに成人女性が対象という区別をしているというこちらの主張の対立が平行線を辿った。また昨年からの携帯電話、PHSなどの「未成年有害サイト」規制のフィルタリング会議の動向も引き続き注視していくこととなった。しかしこの問題は年末から年初にかけて総務省によって、業者に対して具体的な規制がかけられることとなった。

春には、憲法改正国民投票法案の参議院憲法調査特別委員会の参考人招致が行われ、雑誌協会でも05年の衆議院に続き、参議院でも憲法改正国民投票の実施に際しては、一切のメディア規制を排して立案すべきとの立場を堅持して意見*を述べた。「改正放送法」の一部適用は加えられたが、メディア規制条項は外して、法案は成立した。

そして6月、7月である。先述のように「少女系コミック」誌を巡って、週刊誌記事に端を発した規制の動きがテレビ各局の報道特別番組となり、ついには茨

＊雑誌協会の意見
151ページのコラム参照。

城県の不健全指定図書となってしまう。また東京都では、長年諮問図書の委員を勤めている会員社のコミックが危うく指定される事態まで起こった。これらは編集倫理委員会の委員長や副委員長の会社が対象だっただけに、倫理委員会の根幹を揺さぶられる事態に、事の重大性をあらためて認識させられた。同時期に発売された講談社の単行本『僕はパパを殺すことに決めた』*が、9月に奈良地検の捜査対象となり、加害少年の供述調書の漏洩で、医師や著者、出版社までが任意での度重なる事情聴取にまで至った。この問題に際して、雑誌協会と書籍協会は連名で、任意とはいえ著者や講談社の編集者への執拗な捜査が、憲法21条「言論・出版の自由」を踏みにじる行為だとして、10月17日付けで意見表明を出すことになる。その効果もあって一応捜査は決着を見た。

このように2007年度も活字、コミック、写真などの表現と倫理に関しては、様々な〝せめぎ合い〟が展開されてきた。出版社への風当たりは強くなる一方である。ここは何としても踏みとどまって、対峙していかなくてはならない。

新しい年度もさっそく立ち向かっていかざるを得ない議員立法案が待ちかまえている。

編集倫理委員会は加盟全社一丸となって対抗していく所存である。

＊『僕はパパを殺すことに決めた』
奈良県で発生した少年による自宅放火殺人事件。少年の鑑定医の調書が漏洩したことに対して、鑑定医が有罪となり著者の取り調べも行われた。講談社は、この件に関して、第三者委員会を設け、取材の問題点や反省点をあげて、事実関係を明らかにした。裁判では、あくまで、取材や鑑定医の正当性を主張した。

◇資料

「憲法改正国民投票法案」に対する日本雑誌協会の見解と立場

①今回の「憲法改正国民投票法案」は憲法改正に対する賛成・反対の記事報道の偏見、歪曲条項削除で、原則的にはメディアの自由な言論が確保されたと考える。但し「同法案」は運用次第で規制がかけられる怖れもなしとは言えずその点は注視していきたい。

②「国民投票法案」の与野党の衆議院憲法調査特別委員会での審議は十分なされたようだが、安倍政権の改憲を前提としたスケジュールに合わせた政治姿勢には疑問を感じる。与党（自民党・公明党）と野党（民主党、共産党、社民党、国民新党）双方の参議院選挙を見据えた駆け引きが目立ったことは否めない。

③「国民投票」を「憲法改正」のみに限定すべきか、政治統治機構や生命倫理の問題にまで広げるべきかについては、当協会の論議は深まっていないため統一した見解はなく、加盟各誌は自由な言論の立場を通す。

④同じく法案の「投票権者の年齢を18歳以上（当面は20歳以上）の日本国民とする」「法の施行は公布から３年後」などに対しても、加盟各誌は自由な言論の立場を貫いて記事を作成する。

⑤「（国民投票において）憲法改正が承認されるのは、有効投票総数の過半数を賛成票が占めた場合とする」――法案のこの点については、「投票率の縛りが必要なのではないのか？」という議論があるが、日本国の憲法改正国民投票という限り、全有権者の過半数は参加することが前提と考えるが、この問題も当協会の論議はまだ結論には至っていないので、加盟各誌の自由な判断に任せたい。

⑥憲法改正に賛成か反対かの有料意見広告については、テレビ、ラジオ等放送は、投票期日前２週間は禁止とのことで、新聞、雑誌広告についての規制は設けられていないが、言論・表現の自由の観点からして、ほぼ妥当な法案内容と思われる。

その他「法案」に関して検討をすべき細目は有るが、当協会の基本方針は原則各社の自由な論調を制限せず、協会は最小限の統一見解のみを提起するに留まる。

編集倫理委員会　年次レポート　2008年

*初出誌
『日本雑誌協会・編集倫理委員会　年次レポート　２００８年』

旧聞に属するが、昨年大晦日、離日が迫ったT・シーファー駐日米国大使が、朝日新聞紙上の「私の視点」において、「日本も早く児童ポルノの単純所持を禁止すべきである」と提言していた。この「児童ポルノ単純所持禁止」は、11月末にブラジルのリオデジャネイロで開催された「第3回子どもと青少年の性的搾取に反対する世界会議」の主要テーマでもあり、そこでは「児童ポルノの単純所持の禁止」ばかりか、閲覧や漫画も規制の対象にする厳しい行動計画が決議されている。一説によると日本も通常国会で改正案を成立させて、世界会議で、「単純所持禁止国」の仲間入りをする予定であったという。

２００８年度を通して「児童買春・児童ポルノ処罰法」改正の主眼である「児童ポルノ単純所持」の禁止条項は、当編集倫理委員会の最も大きなテーマの一つでもあったし、いまもテーマであり続けている。この問題は、あまり反対はできない半ば常識と思われがちだが、編集倫理委員会がこだわるのは、まず「児童ポルノ」とは、どの年齢までの、どのような性的姿態をさすのか？　という疑問であり、その曖昧な定義そのものである。「先進国で日本だけが『単純所持』を禁止していない」（シーファー大使）という指摘に対しては、年間を通じた編集倫理委員会や出倫協*での論議で答えたい。日本の実情、つまり「児童の年齢問題」「児童ポルノそのものの定義」「性表現をめぐる過去の不幸な判例」さらには「警察による別件逮捕の口実」などなどいくつもの問題点を指摘できる。

このような問題点を解消しない限り、国の法律での強い縛りはできるだけ避けたいというのが統一的な見解といえよう。4月に行われた民主党との話し合いでも「児童ポルノ」と「表現の自由」の関係性、「児童ポルノ」の〝ポルノ〟をもっと厳密に定義すること、児童ではなくて幼児とすべきではないのか、などなど、こちらの疑問と要望を、改正委員会の議題として欲しい旨伝えた。6月に民主党では、「児童ポルノの定義の明確化」と「児童ポルノの用語の改正」を唱え、「児童ポルノ」を「児童性行為等姿態描写物」と改めるとした。さらに「単純所持」の罰則でも「捜査機関の恣意的な捜査に繋がる怖れありとして、個人の私的な領域に公権力が不当に介入する怖れを完全には払拭できないため、金銭のやり取りを伴う有償行為か、複数回（反復性）の取得行為に限定する」と単純所持の禁止条項を入れるなら、このように厳密な規定にすべきであるとしている。国会審議での与野党の合意はならず、改正案は先送りとなった。

同様に年初からクローズアップされてきたのが、「有害図書」「不健全図書」の名目で、国家が都道府県条例の一本化を図ろうとする動き（「青少年の健全な育成を図るための図書類の販売等の規制に関する法案」）や日本フランチャイズ

＊出倫協
出版倫理協議会の略称。日本書籍協会、日本雑誌協会、日本取次協会、日本書店商業連合会の四団体で構成されている。各構成団体から代表が出席して、出版倫理協議会を隔月ごとに開き、問題を共有、議論をしている。活動の基本は条例等の法的措置によらない自主規制により青少年の保護育成に努めることを主眼としている。

チェーン協会が、加盟各団体（コンビニエンスストア）の審査で各種少女向けコミック誌、レディースコミック誌のシール止め要請のリストアップをしていることも見逃せない。その背景にあるのが、青少年健全育成を謳う「社会浄化」思想であり、環境浄化・治安強化のための「監視社会化」であろう。10月に出された大阪府青少年問題協議会の青少年条例改正答申がその証左のひとつである。

ここでは、「有害図書類の包括指定の基準の見直し」と題して、現行の有害図書指定の基準「総ページ数の5分の1、30ページ以上」を改正後は「総ページの10分の1、10ページ以上」に見直すとしている。雑誌等をより広く包括指定図書類として捉えることができるようにする、と改正の目的を記し、その背景に「近年、過激な性描写を含む少女向けコミックが数多く出版されている現実がある」と明瞭に述べている。ではなぜ包括指定なのかといえば、「あらかじめ量的な基準を決め、青少年に有害な部分が一定割合を超える図書類を有害図書類とする包括指定が効果的である」と、その有効性に鑑みた見直しの意図を示している。しかも、大阪府だけの問題ならまだしも、関西からの火の手はまず、コンビニエンスストアや書店に広がり、燎原の火のごとく、新聞・放送メディアや地方議会、国会へと伝わりかねない。〝有害図書問題の火種は関西から〟というのは出版界が何度も経験しているところである。

関連するテーマだったのが、「インターネットの有害サイト規制法案」であった。

PCやモバイルの情報に浸りきった青少年の情報社会生活に対しては、新聞・放送・雑誌といった旧メディアより、デジタルメディアを対象とした規制が急がれていた。そこで、一昨年末から与党内で出されていた先述の「青少年健全育成のための図書類販売規制法案」（いわゆる高市試案）や「青少年の健全な育成のためのインターネットの利用による青少年有害情報の閲覧の防止等に関する法案」などがそれぞれの委員会で審議されていた。その中で、最も懸念された条項が、内閣府内に設けるとされた「青少年健全育成推進委員会」なるものであった。国が推薦する（選ぶ）委員が「有害」「不健全」を直接決めるとなると、法案は恣意的なものになってしまいかねないからだ。しかし、結局様々な法案が審議されたが、「青少年の健全な育成のためのインターネットの利用による青少年有害情報の閲覧の防止等に関する法律案（通称・インターネット有害サイト規制法案）」だけが成立し、しかも、何を「有害」「不健全」とするかは、第三者機関が決めることとなった。この法案の運用と適用にはかなり曖昧な点はあるが、国の直接的な介入はなされなくなった。しかし今年また雑誌や書籍に対する有害規制法案が浮上する可能性は残されている。

その他には、東京都治安対策本部の不健全図書指定で、会員社の指定誌が目立ったことや、同本部に『総合週刊誌』の編集長が呼ばれて、グラビアの内容に対して注文をつけられる事態が発生したことが上げられる。さらには「裁判員制度」の開始を控えて、「裁判員制度と事件報道」問題で、07年に続き日弁連との意見交換会を開き、雑協加盟社の各雑誌の編集長も多数参加し、相互に理解を深める討議がなされた。「裁判員制度と事件報道」では新聞協会、民放連と雑誌協会は対応が異なり、裁判員制度ができるからといって、事件報道のルールやガイドラインを作ることはあえてしない方針を貫いた。一応、「裁判員制度実施にともなう雑誌の事件報道に対する考え方」と題する声明文*は編集委員会・上野徹委員長名で発表したが、この方針には7年前から「裁判員制度」に対する雑誌協会の一貫した姿勢が示されていて、「改めてルール作りが必要だとは考えておりません」「裁判員制度そのもののあり方も注視していくつもりです」と結んでいる。

２００８年度は、米国発の世界的な経済危機が起こり、世界中、まだ底の見えない危機的状況が続いているが、出版を取り巻く不況の波も次々に押し寄せ、治まる気配はまだない。そんな中でも、雑誌の置かれている状況は、ことさらに厳しい。雑誌も生き残りをかけて思い切った改変をするか、構造的な枠組みを変えなければならない、とも言われる。当編集倫理委員会では、厳しい状況の中、それぞれの委員が毎月多数参加して論議を交わしている。問題提起も活発になされる。どんなときでも雑誌協会が定め、掲げている「雑誌編集倫理綱領*」に則り、できるだけ会員社の雑誌を守り、社会的な雑誌の使命を果たし、社会に寄与していきたいと考えている。雑誌を取り巻く環境の厳しさは変わらないし、もっと大

＊裁判員制度に関する声明書
94〜95ページ参照

＊雑誌編集倫理綱領
132ページの脚注参照

変な状況になるかもしれないが、各自倫理委員としての自覚と相互の協力体制は崩すことなく行っていきたい。

編集倫理委員会　年次レポート　2009年

＊初出誌
『日本雑誌協会・編集倫理委員会　年次レポート　2009年』

2009年度は歴史的な年であった。

何と言っても約50年ぶりの「政権交代」がなされたこと、また司法制度の抜本的改革ともいえる「裁判員制度」が施行されたことである。この二つの出来事は、三権分立の民主主義体制下で、立法、司法、行政という権力中枢の大変化ととらえることができる。巷では〝どうせたいした違いはない〟という声も聞かれるが、国家の仕組みの改変は大きい。

さてそこで、当編集倫理委員会の1年間の活動を振り返ってみると、やはりこの変化に伴う活動の実態が浮かびあがってくる。

まず5月実施の「裁判員制度」―重大事件における刑事裁判への一般市民の参加―について日本雑誌協会は、「裁判員制度」の実施に伴う「事件報道のルール作りは必要ない」として、新聞や放送とは一線を画した事件報道姿勢を貫き通した。現実にその姿勢は、裁判員裁判に何ら悪影響を与えることもなく、かえって雑誌がもっとも詳しく事件の社会的背景や人間関係の有様を取材して伝えてくれている、という評価さえ出ている。新聞紙面における警察発表、「5W1H」のみの無味乾燥な事件の概要記事では、報道の使命は果たされていないのではないのか？　との疑問もささやかれる。裁判員裁判で評議に加わった裁判員の守秘義務に関しても、罰則を与えて評議内容を一生漏らさない縛りまで必要なのか、という声は多い。この点においても雑誌協会の主張は「守秘義務や罰則はおかしい」との立場で一貫していた。

８月末の総選挙圧勝で誕生した「民主党連立政権」については、通常国会会期中の今、国家の行く末への懸念材料が噴出しているが、それはさておき、雑誌協会に直接関わりのある問題は、既存の記者クラブ*に限定された会見、取材を雑誌や海外メディア、フリーライターなどにいかに開放するかであった。この問題では、各官庁における民主党の記者会見開放姿勢は、ある程度実行されつつある。だがフリージャーナリストへの開放の曖昧さや頑迷な省庁の記者クラブの既得権はまだ打破されてはいない。

それでは、２００９年、1年を通しての編集倫理委員会の主議題に移ろう。

まず年初から春先に出された、雑誌メディアへの空前の高額賠償判決があげられる。講談社の週刊誌が掲載した相撲の八百長記事に対する訴訟で、４２９０万円（控訴審で３９５０万円に減額）もの賠償額判決は、出版社がいままで課されたことのない高額賠償額であり、この懲罰的とも取れる判決内容に対して雑誌協会としての「意見書」を提出したほどであった。また、さらに踏み込んだ判決もなされた。それは、出版社社長の記事作成者管理責任を問うもので、新潮社の社

*記者クラブ
国会記者会や警視庁クラブなど、各省庁や都庁、県庁などに設置されている新聞、放送、通信記者の専属クラブ。雑誌記者やフリーライターは一切排除されている。

長に対して下されたものであった。さらには講談社社長にも旧商法規定（現会社法）による管理者責任が問われることとなった。このような一連の裁判所の判断は、週刊誌メディアが今まで経験したことのないもので、「表現の自由」と雑誌メディアのあり方の観点から批判が相次いだ。

新潮社の週刊誌が、公開された法廷内写真撮影を禁じる裁判所の判断に疑問を呈し、その点を追及したら、旧商法の規定で、社長の責任にまで及ぶものなのか？また有名な元横綱夫妻の遺産相続の不祥事を連弾で記事にすれば、損害賠償に加えて、社長の現場編集者への指導、管理責任まで問われるべきなのか？

大きな疑問符がつく判決であった。この経営責任まで断罪する判決文には、まさに司法に弓を引く雑誌メディアへの懲罰、しっぺ返しの感は否めない。

6月に入りやはり浮上してきたのが「児童買春・児童ポルノ処罰法」の改正案で、「児童ポルノの単純所持」を罰する条項の審議であった。毎年のように審議される「単純所持」処罰改正案だが、昨年は、自民・公明案に民主党案がどこまで歩み寄るのかと、通常国会会期末を控えて緊迫した審議が行われた。結果的には、審議未了の廃案となったのだが、審議では、写真家・篠山紀信氏の宮沢りえのフルヌード写真集『サンタフェ』さえも児童ポルノ扱いされる始末で、後に取り消されたとはいえ、出版活動との認識のズレが露呈した審議であった。

さらには同審議会に参考人として出席したタレントのアグネス・チャンが訴え

る「幼い子供の性的虐待」「子供の人権侵害」という主張は、議場の流れを作りかねない勢いであった。しかし、民主党から出された法改正への根本的な疑念は、そもそもの「児童ポルノ」の曖昧な定義規定にあり、「単純所持」といってもそれは「恣意的で、金銭を払って繰り返し入手するものに限る」とした方針は貫かれて、合意には至らなかった。また「児童ポルノの単純所持」を禁止していない有力国は日本とロシアだけといった情報が一人歩きしているが、アメリカやフランスの児童ポルノ単純所持規定にはその前提として「児童ポルノ」とは「児童の性器」や「性的姿態」と明確に規定されていて、しかも「表現の自由」に抵触しないように「芸術性」や「政治性」「社会的な問題提起」などの例外規定が設けられている。

日本のように「児童ポルノ」とは「衣服の全部又は一部を着けない18歳未満の児童の姿態」「性欲を興奮させ又は刺激するもの」と、曖昧で、主観的な定義にはなっていない。これでは、当局による恣意的な法の乱用さえ懸念される。ちなみに民主党はその概念を「児童性行為等姿態描写物」と「児童ポルノ」そのものの定義及び名称を変更している。しかも、法律の主旨が特定の児童の性的虐待、人権侵害に関わるものなので、実在しない漫画やアニメのキャラクターには及ばないとしている。しかしながら、民主党政権下、この通常国会会期中に、「改正案」が審議される場合、果たして前記の民主党案で上程されるかどうかは定かではない。12月には、民主党・中井洽国家公安委員長が中心となった「児童ポルノ排除対策ワーキングチーム」（仮称）が関係省庁合同で設置されることとなった。今年夏までに警察庁が中心となった対策案をまとめるとの方針である。正直なところ、「表現の自由」を念頭に置いた対策案にはほど遠い印象を抱かざるをえない。しかも11月に出された東京都の青少年問題協議会による『メディア社会が広がる中での青少年の健全育成について』と題する答申素案では、国の「児童ポルノ法改正案」への提言として、「児童を性の対象として取り扱うメディアについて」という章を設け、「児童ポルノ」及び児童を性の対象として取り扱う図書類を巡る状況と題して、以下のような項目別のテーマを掲げている。

◇児童ポルノを所持し楽しむことが「自由」とされていることにより児童ポルノがインターネット上等において蔓延していることについて

◇いわゆるジュニアアイドル誌が自由に販売されていること

◇児童の性行為などを描写した漫画等が販売されていること

◇児童・生徒の性行為を描写した小・中学生を対象とする「ラブ・コミック」等について

など、この「報告書」は50ページにも及ぶ。

東京都の治安対策本部・青少年課が、青少年問題協議会を開き、これらを国への提言として掲げることは、ほとんどの地方自治体でも同様の方針が取られることが予測できる。1月に出された正式な答申案でも内容はほぼ同じもので、ただ「ラブ・コミック」なる概念が何を指したものなのか？　という点に関しては、12月に都の青少年課と雑誌協会・出倫協との会合の席でこちらから疑問を呈したところ、この言葉は、正式な答申案からは外されていた。

雑誌コミック等の出版物を巡る行政の認識、事態の把握は、規制の方向にさらに進み、民主党政権下でも予断を許さない状況といえよう。

青少年の成長と性の成熟はいかにあるべきか。「不健全」「有害」というレッテルを貼って排除し、「健全」で「安全・無害」なメディアのみで満たせば良いのか？「健全」と「不健全」を誰がどのような基準で決めて、社会を動かすのか？「表現の自由」や「自由闊達な社会生活のあり方」に国家や行政がどこまで介入できるのか？などなど、この編集倫理委員会の立場はますます厳しく、国や地方自治体が打ち出してくる方策に判断、決断を迫られてきている。

自由な言論、表現活動には自ずから責任が伴うことを改めて肝に銘じて、新たな活動を展開していく決意を委員全員で確認しておきたい。

編集倫理委員会　年次レポート　2010年

＊初出誌
『日本雑誌協会・編集倫理委員会　年次レポート　2010年』

私が編集倫理委員長になって7年、2010年ほど「編集倫理委員会」のあり方、存在意義を意識して活動した年はなかった。1月（正式には2月）から12月までほとんど毎月の議題のトップが、「東京都青少年健全育成条例改正問題」に終始したといっても過言ではない。その結果は「改正案成立」という大変厳しいものになったが、この間の編集倫理委員会及び編集倫理委員各位の活動は極めて活発で、やり残したことはないといえるほどのものであった。それだけに悔やまれてならないのは、東京都議会民主党の〝豹変〟である。都議会民主党議員や三役にこの間何回会って話したことだろう。こちらが意を尽くして何度話し合っても結局、「なぜ6月否決から12月賛成に回ったのか？」――納得できる回答は得られなかった。

ここで、あえて誤解を怖れずにいえば、今回の改正前までは、東京都の青少年課による不健全図書指定は、ほとんどの道府県の有害図書指定に比べるとその数は極めて絞られていて、ある程度出版社への配慮はなされていた。その理由としては、漫画やアニメなどの出版活動が東京に集中し、東京こそが世界に発信する文化産業基地として際立っているからともいえよう。

また、その指定の仕方も東京都のみが「個別指定*」方式をとり、他の道府県の「包括指定*」方式とは一線を画している。この方式の違いも、コミックやアニメの表現内容に配慮して判断するというもので、不健全指定図書を決める「審議会」に諮る前に出版業界の自主規制を尊重した〝予備的審査会議＝諮問候補図書の打ち合わせ会〟を設ける仕組みを作って自主規制を重んじていた。

ところが今回の条例改正は、この尊重姿勢を一変させて〝はじめに条例改正ありき〟の方針で法案検討スケジュールが組まれ、説明会、意見交換会もすべて改正是認を前提にした形式的なものに過ぎなかった。このことは、東京都の青少年課と出版業界の間でこれまで40数年、営々と築いてきた相互信頼関係を無にするもので、そこまでして、あえて強行したのはなぜか？

その理由となる背景に触れておこう。

08年の国会における「児童買春・児童ポルノ処罰法」の改正案、すなわち「児童ポルノの単純所持」を禁じる法が成立しなかったことにさかのぼる。不成立は、当時の野党・民主党の「表現の自由を守る」姿勢が堅持されたことの証明であった。ところが8月末の総選挙で民主党が圧勝、政権を奪取してからはメディアへの対応ひとつをとってもちぐはぐさが目立ち、そこに権力保持的な施策が垣間見えてきた。そのひとつが民主党政権下の国家公安委員会と警察庁が共同で「児童ポルノ排除対策ワーキングチーム」を作り活動するとした表明で、7月に報告書が出

＊個別指定と包括指定

青少年に「有害」「不健全」とされる表現で、都道府県の自治体が行う指定方法。包括指定とは、対象誌や本の全体の分量で判断する方法で、全体の3分の1とか25パーセントが有害表現にあたるなどと判断される。個別指定は、主に、東京都が判断基準としている指定方法で、対象誌や本の中身に〝不健全箇所〟があれば、それを、審議会に上げて判断を要請する方式。

された。なぜこのような動きを書いてきたかといえば、「児童ポルノ法改正の動き」と「都の青少年健全育成条例改正の動き」は、まさに連動していると捉えることができるからである。09年の年次レポートでも書いた通りだが、軌を一にするとはまさにこのことで、ちょうど08年の6月、「児童ポルノ法改正案」が不成立になったことを機に、今度は都条例での成立を目指した動きに移ってくる。

つまり、「児童ポルノの単純所持禁止」に加えて、「漫画やアニメも実質対象にする」という目論みが、東京都へ出向してきている警察官僚の至上命題になってきたことは、6月に否決された「非実在青少年」なる造語に象徴されていはしないだろうか。約10年前、「児童買春・児童ポルノ処罰法」は「実在する児童（18歳未満の青少年）」の人権を守る法律として成立した経緯がある。「非実在」という表現上の言い回しに「児童買春・児童ポルノ法」との整合性を見いだすのは不自然ではない。同じく一昨年6月に、東京都青少年健全育成条例改正の大前提となる東京都青少年協議会（都青少協）での出版倫理協議会（出倫協）鈴木議長への参考意見聴取が行われる。

東京都治安対策本部・青少年課は、ここからまさに今回の条例改正の手続きを進めてくることとなる。夏には人事異動によって、新たな出向警察官僚のチームが作られる。志布志選挙違反冤罪事件の当事者である鹿児島県警の本部長が東京都治安対策本部長に就任し、同じく参事官や課長や係長も交替した。課長や係長は警察庁のキャリアが就き、その人事異動に伴う引き継ぎもほとんど行われずに、新たな条例改正が前提となった話し合いが提起されてきた。同年11月都青少協が出してきた答申素案『メディア社会が拡がる中での青少年の健全育成について』は、まさに児童ポルノ改正条項を青少年問題に敷衍する狙いがあってのものであった。これには昨年も触れたが、実は答申素案に続く、09年1月の「答申案」そして2月には、都青少年健全育成条例改正で、「非実在青少年」を対象にした改正条例案が明らかになり、漫画家や出版社、アニメ団体ばかりでなく、日本ペンクラブや日本弁護士連合会、東京弁護士会なども反対を表明し、6月都議会では僅差ながら否決された。それからの動きについては警察官僚のおぞましさにあきれるが、あろうことか青少年課は夏以降、一部のＰＴＡや学者を動員して、都議会民主党議員の選挙区、都内80カ所以上をつぶさにまわり、12月議会で賛成に転じさせる布石を打ったようだ。

この間、編集倫理委員会の活動は、2月、3月はもちろん、6月議会での採決も微妙な状況だとわかると、4月、5月と民主党都議団や生活者ネットワークの都議を交えた意見交換会、書店見学会を行う一方、人権小委員会や人権・言論特別委員会等とも協力して、活発な反対運動を続けてきた。

他方、都条例改正問題とは直接関係はないが、福岡でのコンビニエンスストアからの暴力団関係本の撤去を巡り、警察からの撤去要請を受け入れたコンビニの団体である「日本フランチャイズチェーン協会」との会合も急遽行われた。この席で、今後このような事態が生じたら、雑誌協会・編集倫理委員会へ一報を入れるという確約を取り付け、警察からの要請という〝圧力〟には安易に妥協することがないように、相互に方策を考える機会を設けることとした。

東京都青少年条例改正案が6月議会で否決されてからの動きに移ろう。

昨年7、8月からの都治安対策本部・青少年課の動向は、民主党議員の選挙区を回って選挙民への圧力をかけるだけでなく、8月には、意見交換会と称した会合を漫画家協会や雑誌協会、書籍出版協会などにも働きかけてきた。都合2回の会合には参加して、雑誌協会としての意見を表明したが、その席での東京都側の狙いは、雑誌協会の自主規制が、映画やテレビ、ビデオなどの業界団体の規制に比べていかに甘く、緩いかを指摘し、そこを批判することにあった。9月には3回目の会合の呼びかけが都側からなされたが、会合の趣旨が、どうやら12月議会へ向けた形式的なパフォーマンスではないのかという疑念から断る事にした。

そして、編集倫理委員会の人権小委員会で、東京弁護士会の齋藤義房弁護士に、今回の都条例改正案の逐条的な問題点の摘出、批判を展開していただき、行政による言論介入ばかりか、青少年教育への過度な行政介入に繋がる危険を再確認した。また日本出版クラブで、緊急シンポジウムも開催し、千葉大学教育学部の明石要一教授から今回の条例改正の発想そのものが、青少年の精神的な成長、自主

＊東京都条例改正案の反対声明抜粋（平成22年11月26日）

出版倫理協議会は、本年3月、条例改正案に対する緊急反対声明を発表しました。6月の都議会でこの改正案は反対多数で否決され、マンガ・アニメーションへの不当な表現規制を阻止することができたと認識しています。ところが都当局は都民への情報公開も十分な議論もないまま、来る11月30日に開会予定の次期都議会に、再度改正案を提出しようとしています。

新たに提出される改正案では、最大の問題であるマンガ・アニメーションへの「規制強化」という点ではまったく変わっていないだけではなく、さらに曖昧で危険な条項が加えられています。

自立に行政の規制がいかに問題かを実例を挙げて指摘していただいた。このシンポジウム会場には、東京都青少年課の課長も出席していて、終了後には参加者の間を回り都側の立場を説明していたが、雑誌協会のこのような動きに警戒感を強めていたのかもしれない。10月新潟で開催された「マスコミ倫理懇談会全国大会」でも、分科会で「都条例改正問題と言論の自由」の論議を行った。地方紙や放送局にも警察の「児童ポルノ法違反での逮捕情報」の情報操作的仕組みや青少年規制の実態がある程度認識される機会となった。そして12月を迎える。ぎりぎりになって発表された新しい都条例の改正案に対して、雑誌協会の事務局、編集倫理委員会は総出で成立阻止のため連日、都議会に詰めたが、都議会民主党の賛成方針は堅く、漫画家の先生方による再度の記者会見も空振りに終わり、結局成立させてしまう。朝日、毎日、東京、日経新聞などは、都条例改正案の必要性に大きな疑問を投げかける社説や記事を幾度となく掲載したが、これも都青少年課及び議会議員の方向性を変えることはできなかった。最後にかろうじて「付帯決議」をつけることで、慎重運用と審議配慮という枷をはめさせた格好となったが、法的拘束力のない「付帯決議」には、都側の履行義務は伴いそうにない。

本年7月の改正条例施行に向けた都治安対策本部・青少年課の今後の動きからは目を離せない。編集倫理委員会でも引き続き運用状況をチェックし、「表現の自由」に関わるような問題には、訴訟も辞さない断固とした措置で望みたい。

一例をあげれば「著しく不当に賛美・誇張」「著しく社会規範に反する」等の記述は、きわめて抽象的で、行政当局の恣意的解釈・運用によって、規制の範囲をいかようにも拡大することができます。また、前改正案にあった「18歳未満として表現されていると認識されるもの」という描写人物の年齢が削除されていますが、これは逆に規制の範囲を広げることになる、と強い懸念をもちます。

漫画家をはじめとする多くの表現者が、これらの規制によって、性に関する表現に際して逡巡・躊躇を余儀なくされる事態が容易に予期され、その「萎縮効果」は計り知れないものがあります。(後略)。

編集倫理委員会　年次レポート　2011年

＊初出誌
『日本雑誌協会・編集倫理委員会　年次レポート
2011年』

2011年度の「編集倫理委員会」は、前年12月の「東京都青少年健全育成条例改正」案の成立を受けて、改正条例施行の7月までにどのように対応するか、また7月以降はどうするかという命題を中心に運営された。

改正条例が成立した以上、加盟各社の最大の関心事項―例えばどのようなコミックが新たな条例の規制対象になるのか―について東京都・青少年課との話し合いはもちろん、各社の対応策、あるいは雑誌協会内での対策などが検討された。この間、東京都側からは、あくまで参考としながら数冊のコミック本が示された。そこで雑誌協会としては、「編集倫理委員会」だけではなく、「人権・言論特別委員会」や「出版倫理協議会」、また第三者機関である「ゾーニング委員会」などからのメンバーを集めた新たな委員会、「児童と表現のあり方検討委員会」を立ち上げ、出版倫理のあり方を再構築する観点から改正条例対策の検討を開始した。

ちなみに規制対象として新たに青少年条例に加わった条項を記しておくと―

◇「刑罰法規に触れる性交もしくは性交類似行為又は婚姻を禁止されている近親間における性交もしくは性交類似行為」を「不当に賛美、誇張して描写し、又は表現すること（略）」（第7条2「図書類等の販売及び興業の自主規制」）

◇「第7条2に該当するもののうち、強姦《かん》等の著しく社会規範に反する性交又は性交類似行為を著しく不当に賛美、誇張して描写し、又は表現すること（略）」（第8条2「不健全な図書類等の指定」）

上記の2条が図書類に関わる主な改正ポイントであるが、改正条例には、こちらからの都議会各政党への活発な働きかけも功を奏し、都議会民主党の動議も加わり、以下のような「付帯決議」がつけられた。

◇「第7条の2、第8条の1、2の規定の適用に当たっては、作品を創作した者が当該作品に表現した芸術性、社会性、学術性、諧謔《かいぎゃく》的批判性等の趣旨を酌み取り、慎重に運用すること。また、東京都青少年健全育成審議会の諮問に当たっては、新たな基準を追加した改正条例の趣旨に鑑み、検討時間の確保など適正な運用に努めること」

この「付帯決議」に基づき、都の青少年審議会には、コミックの実情を把握して客観的な見解をもつ「専門委員」を置くこととなった。その人選は、雑誌協会やコミック10社会などに託された。そこで、出版側からはコミック作家は立場上難しいので、評論家やベテラン編集者からならどうかということになり、秋田書店で長年コミックの編集に携わってこられた神永悦也氏を推薦した。しかし幸か不幸か、２０１１年度には神永氏の〝出番〟は訪れなかった。

つまり、7月から12月まで、新条例の適用コミックは1冊もなかった訳である。この間、7月から8月にかけて、東京都青少年・治安対策本部では、本部長をはじめ部長、課長、係長など要職人事の交代が行われたことも、指定がなかった一因かもしれない。1月～6月まで、前任者との度重なる意見交換会やこちらからの申し入れが、後任者へきちんと受け継がれているのかという不安がぬぐえないまま暑い季節は過ぎた。

大阪府でも東京の動向をにらんで、青少年健全育成審議会が新たに発足し、雑誌協会・編集倫理委員会から事務局の渡辺桂志氏を委員として推薦し、派遣することとなった。橋下知事（当時）の意向もあって、大阪府での問題雑誌として、いわゆる『ジュニア・アイドル』誌における少女（ティーン）の水着の姿態写真があげられた。ちょうど国会でも「児童ポルノ法」の改正論議が浮上し単純所持も処罰の対象にするとなると、このような少女の水着写真はポルノか否か、出版としては大問題だけに、編集倫理委員会でも討議がかわされた。棚上げされてきた「児童ポルノ法改正」が秋の臨時国会で、議題に上げられる。

となると、与党である民主党の案を確認しておくことが、是非とも必要となる。そこで、民主党のヒアリングに参加し、民主党・児童ポルノ法ワーキング・チーム座長の辻恵議員との意見交換会も行った。編集倫理委員会としては、漫画やアニメを含まない現行法規定を変えず、「児童ポルノとは何か」の定義を曖昧にしない、明確な規定にすべしという提案を示した。

「児童ポルノ法改正」は、２０１２年度の通常国会に持ち越された。

10月1日、この日から施行となったのが、「都民の責務」とまで東京都がこだわった「暴力団排除条例」だ。加盟社の中には、暴力団がらみの取材記事や単行本を前面に押し出しているところもあり、何らかの規制が危惧されるところだが、今のところ問題は発生していない。

同時期に表面化したのが「国家秘密保全法案」。民主党政権は、国の存亡に関わる重大な情報を〝特別秘密〟と規定し、限定された数名のみが関与できるとし、もし漏洩させた場合は厳罰を科すという法律の制定に着手した。〝特別秘密〟の対象となるのは、「防衛」、「外交」、「治安」の3分野で、何が該当するかは、具体的な規定に照らして、所管大臣が指定する仕組みになるとしているが、問題は、対象3分野のどんな情報が秘密指定の対象になるかが曖昧な点にある。

これでは、国民の知る権利や報道機関の取材、記事作成にまで、待ったがかかりかねない。取材の制限は、国民の知る権利の侵害につながる。雑誌協会は「人権・言論特別委員会」名で、「現段階では反対」の意思を表明する意見書を藤村修・官房長官宛に提出した。

先述した雑誌協会・編集倫理委員会も加わった「児童と表現のあり方検討委員会」の活動は、数回の会合を開き、申し合わせの文言も検討されたが、オブザーバー参加の出版倫理懇話会との話し合いがつかず、現状では棚上げ状態になってしまった。その概要は〝小学生以下、12歳未満の児童に対する性行為や性交類似行為は、学術性や文学性、社会的問題提起を除いては、表現を控える〟という趣旨であったが、合意は得られなかった。この「検討委員会」での話し合いの経緯が一部ネットに流れて、こちらが批判の矢面に立たされたことは、残念なことであった。

ネット上では、〝東京都の健全育成条例の改正案を批判しておきながら、自らの首を絞めるような行為〟とまで批判されたが、果たしてそうだろうか。確かに憲法上にも、言論・出版その他一切の表現の自由は国家が保障しなくてはならない、と明記されている。しかし、出版（雑誌）は、言論・表現の自由を掲げる以上、当然社会的責任が伴う。幼児姦や児童姦をテーマにしたそのものずばりのコミック作品は成人指定であっても犯罪行為礼賛と取られても仕方がないだろう。このような反社会的犯罪礼賛コミック作品は倫理の観点から認めることができない。

東京都青少年健全育成条例改正は、成立過程で、出版業界ばかりかアニメや映像など様々な業界の拒否にあっている。その〝後遺症〟は各方面でいまだに尾を引いている。ネット・モバイル社会化が進む中、天災、人災、経済危機、政変と何が起こるか混沌とした今、編集倫理委員会の果たすべき役割は、行政や諸団体と忌憚のない意見を交わしつつ、地に足のついた粘り強い活動を続けていくことではないだろうか。

編集倫理委員会　年次レポート　２０１２年

＊初出誌　『日本雑誌協会・編集倫理委員会　年次レポート　２０１２年』

暮れも押し詰まっての政権交代、新都知事の誕生で、２０１２年末は、政治のみならず社会全体の局面ががらりと変わってしまった。だが一年を通しては民主党政権の下、メディア全体が振り回されたといえよう。編集倫理委員会も混迷政権の施策への対応に追われた。〝新メディア規制三法〟とも呼ばれる立法の動きがその主因であった。その三法とは「秘密保全法案」「マイナンバー法案」「人権侵害救済法案」である。この中では、前年度から継続的に対応をしてきたのが「(国家)秘密保全法案」で、２０１１年12月には当時の藤村官房長官宛に「人権・言論特別委員会」名で声明を出している。主旨は、「政府が検討中の国防、外交、治安における〝特別秘密〟の範囲が曖昧で、恣意的な運用の懸念があり、国民の知る権利に抵触し、正当な取材活動が阻害される怖れもある。よって必要な法律とは考えられない」とした内容だった。この法律は、国会には上程されず今日まで来ているが、安倍新政権の下でより強化されたかたちでの立法化が懸念される。また、「マイナンバー法案」は、「税と社会保障の一体改革」の前提として、野田内閣で閣議決定していたが、これも実質審議には入っていない。この法案に対しては6月にやはり「人権・言論特別委員会」から「意見書」を提出した。国民一人一人に番号を振り、「収入」と「支出」、資産状況、病歴・遺伝情報、加入団体などを管理するシステムで、そのために付与される特定の個人番号（「特定個人情報」）は、究極のプライバシーといえる。この「特定個人情報」の漏洩をめぐる罰則や不正入手などで、取材活動に抵触する事態が生じる懸念を指摘した。

また、現在この制度を実施している世界各国の運用状況、問題点などを洗い出して、政府から独立した第三者機関を設けるなどまだまだ検討課題が多すぎる、として結論では「法案は拙速に過ぎる」と批判した。

さらに「人権侵害救済法」。正式には「人権救済機関設置法案」と称されるもので、これも閣議決定されて、当時の野党からは「言論の自由の弾圧につながる」（安倍晋三・元首相）「党利党略のために法案をもてあそぶやり方には怒りさえ覚える」（石原伸晃・幹事長）と手厳しい批判がなされた。この法案では、たとえメディアによる人権侵害条項を外しても「何をもって人権侵害とみなすか」が曖昧なままだと、恣意的な解釈を許し、言論統制や萎縮、さらには密告による新たな人権侵害を招きかねないとして、反対の意向を確認した。

年間を通して注目してきたのがやはり「東京都青少年健全育成条例の改正条項」の適用問題であった。施行から丸1年を経た6月時点で、新条例基準に抵触する「不健全図書」指定はゼロという結果に対して、都は「改正条例の趣旨が理解された結果」とするが、われわれは「必要性のない条例改正が証明された」とした上で、

「新基準は、作家の創作意欲に対する萎縮効果が大きい」と批判した。しかし一方で会員誌の一部に、従来からの基準に照らして連続指定されるケースが発生し、都側の規定に沿った社名の公表など不名誉な事態が想起されたため、当該社への厳重な警告も行った。

何かと注目される橋下市長のお膝元、大阪府の青少年健全育成審議会からの要請で昨年から派遣している渡辺桂志・専務理事代行の審議会報告も注目された。関西での児童ポルノ画像のネット流布状況、ファイル共有ソフトによる児童ポルノ画像の拡散防止策など、東京の出版界、雑誌メディアのレベルとは異なる実態が報告された。「子どもの性的虐待」の様々な事例に関しては、おざなりな対応はできないと実感した。

大手新聞社とのメディア間のトラブルも目立った。読売新聞社による出版社（会員社外だが）への裁判所による〝強制執行〟問題や日本経済新聞社の雑誌記事広告の掲載拒否問題など、法的なトラブルに伴うメディア間の倫理のあり方にも批判的な検討がなされた。さらに雑誌の「編集倫理」の観点からは、『週刊朝日』の連載企画「ハシシタ」記事の中止事件*は、最も大きな反省と教訓を与えたものであった。被差別部落出身者への差別と偏見を生み出す記事の構成、つまり「出自」を「人格」に結びつける安易な手法には、11年11月時点で問題点を共有した、月刊誌、週刊誌の差別的記事表現への反省が全く活かされていないことに、驚きを禁じ得

*『週刊朝日』記事中止事件
取材・編集権は、あくまで雑誌の編集部、編集長にあり、その全責任は編集長が負う。この原則が真実究明、真相追及の取材及び記事における前提といえる。その意味で今回、当該誌の編集に携わる責任者の処分は、やむを得ないといえよう。

そもそも、今回の緊急連載記事は、昨年の月刊誌による橋下・大阪市長の「出自」に関わる情報に端を発し、その後、週刊誌2誌が後追い記事で、さらにその情報を拡散させるという事態を起こし、橋下市長個人にとどまらない影響を懸念して、関係各方面から大批判がなされた。当然、部落解放同盟の大阪府連合会等

なかった。この点は、「表現と取材の自由」の観点から今一度、共通の理解を確認しておかねばならない。

　２０１２年は、性表現の規制問題からメディア間のトラブル、人権・差別表現問題まで、幅広く論議し、活動してきた。ネットやモバイルの比重がますます高まると予想される今後は、電子メディア上の倫理的なトラブルも視野に入れて、活動していかざるをえない。

　そんな大変化の時代に、安倍・自民党政権の今後の政策が注目される。「自民党憲法改正草案」（２０１２年版）に目指す政治目標が描かれている。最も直接的な影響を受ける改正条文、第21条「言論・出版の自由の保障」を脅かす動きには、断固とした姿勢で臨んでいきたい。

も抗議を行い、新潮社、文藝春秋両社は謝罪文を提出し、かたちの上では収まった経緯があった。『週刊朝日』による緊急連載・第1回記事が初めて明らかにしたものではない。なぜまた週刊誌が1年後に同じような轍を踏んだのか？　定かでないが、この社会に未だに根深くある部落差別、人権侵害の現実を、個人の人格に結びつけるというあからさまな差別表現で、記事には弁解の余地はない。

　自分自身の努力ではどうにもできない「出自」をあげつらって、人格を毀損されるようなことがあってはならない。

　このような表現は、差別そのものでしかない。人権侵害も甚だしい。

編集倫理委員会　年次レポート　2013年

＊初出誌
『日本雑誌協会・編集倫理委員会　年次レポート　2013年』

「誤解を恐れずに言えば、雑誌、特に週刊誌は、秘密を暴いてこそ購入してもらえるメディアといえます」―これは、昨年12月6日深夜「特定秘密保護法」が自公の強行採決で成立した日の夕刻、議員会館で開かれた院内集会において、雑誌協会の立場から私が発した冒頭の言葉である。雑誌は、新聞や通信、放送のように事実を早く、正確に伝えるメディアというより、その伝えられた情報、事実とされるニュースの裏面、真相をさぐり、建前よりは本音に迫るメディアといえよう。だからこそ、「特定秘密保護法」の持つ「秘密保護システム」にもっとも早くから異議を唱えてきた。

国家や公的機関、団体組織、公人・有名人などの「秘密」を数多く暴いてきた事例には事欠かない。「核の持ち込み疑惑」「武器輸出三原則の抜け道」「防衛官僚の業者との癒着」「有力政治家の外国籍愛人疑惑」等々、「特定秘密保護」に当たるようなきわどい記事がすぐ想起される。安倍首相は、「この法律で、知る権利や取材の制限は全く心配ない」と断言する。しかし、我々が現場で危惧するのは、まず〝ネタ元〟の封殺、つまり内部情報の遮断である。国民には知らせていない、とんでもない国家間の密約、外交のあり得ない交渉条件など国家機密に属する情報に接した公務員が義憤に駆られて通報するケースは、過去に多々あった。それが、殺人より重い刑罰（懲役10年）を科されることによって、内部情報が遮断される可能性が大いに懸念される。また、秘密に類する情報の入手方法も、取材上の様々な手練手管を「たぶらかし」「脅迫まがい」の行為と決めつけられれば、取材者にも5年以下の懲役刑が待っている。

さらに言えば、何が特定秘密かをチェックする「第三者機関」（情報諮問会議）も行政府の長の判断に異議申し立てをするにも、「特定秘密内容」を全く知らされていない以上、形式的な手続き止まりで、とても「第三者機関」というにはほど遠い。結局この法律を是が非でも通した理由は、国家安全保障会議（日本版NSC）のための軍事・外交情報管理システム強化とそれに伴うスパイ、テロ防止のための治安体制、公安警察の強化に尽きる。

「特定秘密保護」が、国民への「情報公開」「知る権利」に先行して決められた、という理解がもっとも妥当と言えよう。

冒頭の院内集会では次のように締めくくった。「この法律が成立するようなことになれば、雑誌メディアは法律施行後、特定秘密保護法違反で逮捕されるような取材、暴露記事を掲載して、それが是か非か世に問う！そのことが、雑誌の使命かもしれません」。

編集倫理委員会では、一昨年の民主党政権時代から「秘密保全法への反対声明」

（人権・言論特別委員会）を提出して今日まで一貫した姿勢を通してきた。それは、何より「自由な言論、表現」を唱え、公権力からの規制や統制、制限を排除してきた当委員会の歴史、存立基盤、言うなれば矜持そのものなのだ。

13年のもう一つの大きな取り組みが、「児童買春・児童ポルノ法改正」問題であった。年初から「トモミー（ＡＫＢ48の河西智美）の手ぶら写真」（彼女の乳首を少年の手が覆う）が児童ポルノに当たるとして、講談社が警視庁に事情聴取される事件が発生した。賢明な対処で、最小限のトラブルで収まったが、年初からの警視庁の出方に懸念を抱かされた。

案の定、通常国会終盤6月に「改正案」審議の動きが出たため、「改正反対の声明」を提出、民主党のヒアリングに雑誌協会、書籍出版協会と共に出席して、「児童ポルノ単純所持禁止」という「改正」の問題点、つまり「そもそも児童ポルノとは何を指すのか、その定義の曖昧さ」の見直しと「諸外国のような除外規定」の必要性を特に強調した。この法律は、秋の臨時国会でも提出が懸念されたので、与野党議員との会談や意見交換を繰り返したことも功を奏し、何とか上程には至らなかった。しかし、継続審議法案である以上、２０１４年度の通常国会では、必ず審議の対象になると思われるので、雑誌協会と「コミック出版社の会」では、それぞれ異なった「意見広告」＊を作成し、12月、1月発売の加盟各社のコミック雑誌や一般雑誌に掲載し、読者に現状を喚起した。

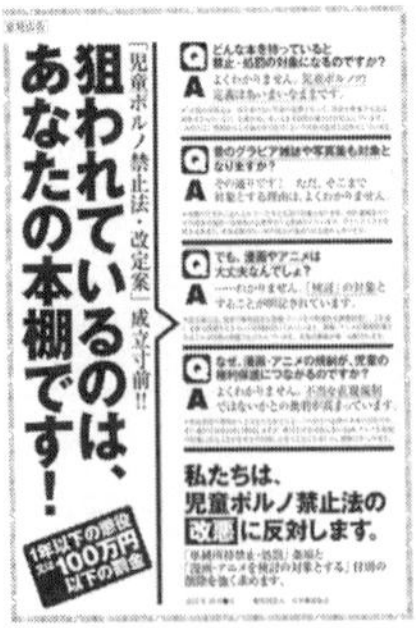

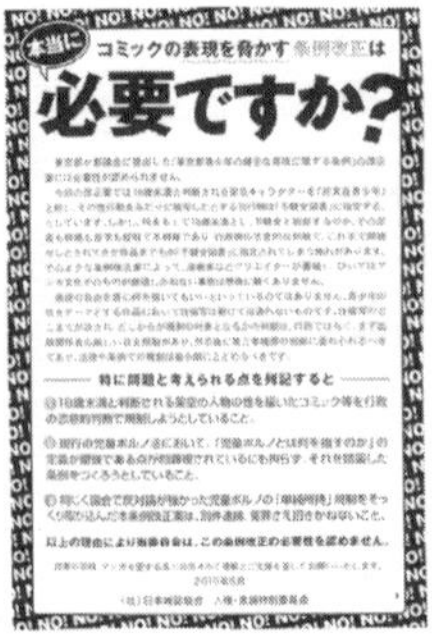

＊雑誌協会の意見広告

安倍政権の悲願「日本国憲法改正」—その草案に対しても「出版の自由」「取材・表現・報道の自由に関わる条項」の問題点ばかりか、「国家」「天皇」「戦争放棄」それに「個人の尊厳条項」などにいたるまで問題点を洗い出し、学習会を行った。「人権・言論特別委員会」や「人権小委員会」など、編集倫理委員会のみならず、その都度、雑誌の編集者や取材関係者など、より幅広い方々の参加を得ることができた。

5月には、懸念の大きかった「国民共通番号（マイナンバー）」法案が可決成立してしまった。このいわゆる「マイナンバー制度」とは、日本国に在住する国民全員に番号を付与し、その番号を使い、国民一人一人の収入と税金や社会保障の支払いを漏れなくキャッチするシステム。国家行政がすべてつかめるようにすることで、不正をなくし、国民の不公平感を正すとの方針だが、果たして第三者に漏れたり、不正なアクセスの対象になったりする怖れはないか？　国家・行政の不正を監視する独立した第三者機関は、設けることができるのか？　など未だに疑問だらけと言っても過言ではないだろう。実施は２０１６年度のため、現段階で、国民には12ケタ、法人には13ケタの番号が決められ、割り当てが進行中。いわゆる第三者機関としては「特定個人情報保護委員会」（委員長・堀部政男氏）が立ち上がり活動を開始している。

人権問題では、在日韓国・朝鮮人を狙い撃ちした「ヘイトスピーチ*」問題が、

＊ヘイトスピーチ
ヘイト（hate）は憎悪のこと。人種、宗教、性的指向、性別などの要素に対する差別・偏見に基づく憎悪表現行為のことをさすが、特に在日韓国・朝鮮人に対する〝嫌韓〟が激しい。「憎悪表現」「憎悪宣伝」などと訳される。

大阪の鶴橋、東京の新大久保界隈で、毎週末、過激となり、このような人権蹂躙行為に対しては、倫理的にも大いに問題があるとして、特別に「人権小委員会」に「在日人権団体」幹部を招き、映像を流してもらいながら実情を聞いた。

当委員会の主題とも言える、各都道府県の「青少年条例」による有害、不健全指定雑誌、書籍問題だが、大きな変化はなかった。今年は、前年同様に、東京都の青少年健全育成条例、特に一昨年とその前からすったもんだのあげくに成立した「改正条項」の適用は、昨年同様本年も〝指定はなし〟であった。

こうしてみてくると、当委員会も年間を通して安倍政権による政治的な動きに振り回されたと言えるかも知れない。

ただ6月、長年出版界、特に「国民の知る権利」「出版の自由」「青少年条例問題」などで、理論的支柱、活動の支えになってこられた清水英夫先生（弁護士、青山学院大学名誉教授）のご逝去は、計り知れない痛手であった。編集倫理委員会では、7月の例会で、先生に黙祷をささげて、その死を悼んだ。また、副委員長として長く委員会を支えて活動してくれていた講談社の谷雅志氏の突然の死去（8月）も大変無念であった。

今や、ネットモバイル社会が進み、雑誌を読む習慣がほとんどない世代群の急増は、雑誌メディアの倫理問題のみならず、今後の雑誌協会・編集倫理委員会のあり方そのものまで問われかねない状況になりつつある。雑誌記事やコミックのデジタル配信、スマホ世代のメディアへの接し方など、新たな倫理的問題に関する論議も欠かせない。

そこで、当編集倫理委員会も人心を一新して、事に当たる体制を敷くことにした。今後とも雑誌の取材・表現の自由、コミック表現の倫理的な課題、新たな人権・差別問題など引き続き大きなテーマばかりだが、新委員長、新執行部体制で、乗り切っていく覚悟である。

◇あとがき

はしがきや第2章の「個人情報保護法」のレポートでも触れているが、同法の成立直前、参議院・特別委員会に、日本雑誌協会の一員として私も参考人招致された。四人の参考人の一人として出席されていたのが、故・城山三郎氏であった。

その時の城山氏の発言が、今も思い出される。

「提出法案では、私ども作家には調べる自由、書く自由は与えられても、それを発表する場がないのです（出版が適用除外にならなかったことを指して）。言論・表現の自由は、自由社会の根本で、いわば地下茎のようなもの。その上に、職業選択の自由などあらゆる自由が芽を出してきます。この地下茎をダメにすれば芽は出ず、枯れてしまいます」―ざっとこのような趣旨のことを発言された。体調がすぐれず、中途で退席されたが、作家の覚悟というか、その矜持に胸が震えた。私も憲法21条に明記されている「言論、出版その他の表現の自由はこれを保障する」という一節を例に挙げて、「この法律で、なぜメディアを分断するのか、報道記事に於いて、出版・雑誌が適用除外にならない理由が納得できない」と主張した。しかし法案の修正はなく、そのまま成立し、今日に至っている。２００３年成立以降も何度も修正は行われたが、その修正審議会に、出版サイドは一度も呼ばれたことはない。

今年２０１５年、この法律が本格的に改正される。政府のＩＴ総合戦略本部「パーソナルデータに関する検討会」が改正の大綱案を示している。通常国会には改正法案が提出される

見込みだ。その内容は、個人の住所や氏名に加えて、顔や指紋など個人識別データが新たに保護の対象とされる反面、ネット上の「ビッグデータ」のビジネス活用も制限付きで進められる方向である。ヨーロッパを中心に論議されている「忘れられる権利」もネット、スマホ時代、個人の新たな権利として、どこまで盛り込まれるか、注視しておこう。

社会のＩＴ化が進むにつれて、ネット、スマホの新たな犯罪、情報漏洩、売買、悪用などが、国内ばかりか国際的にも突出してきている。そんな中、忘れてならないのが、昨年の国会で成立した「国民共通番号制度」、通称「マイナンバー法」である。すでに今年から国民一人一人に12ケタの番号が振られ、その番号が個々人を証明することになり、付与された個人番号を使って納税をし、社会保障が受けられる。当初は民間の給与やその他の収入もすべて個人番号で、キャッチされるはずであったが、今回は、民間への適用は先延ばしとなり、施行されることになりそうだ。

―出版メディアの側からこの十五年余の「政権と規制」の動きを追ってきたが、今年から来年にかけても新たな管理・監視システムから目が離せない。

<タ行>

索　引

山　了吉（やま　りょうきち）略歴
１９４７年　福岡市生まれ
１９７０年　中央大学法学部卒業・小学館に入社
『週刊ポスト』創刊８ヶ月目に編集部配属、デスク。その後『女性セブン』副編集長『Ｐ・ａｎｄ』（妊娠・出産・育児）誌編集長を経て、編集総務・法務担当次長、部長、執行役員を歴任
２００８年～２０１１年まで小学館取締役
２０１１年～２０１４年まで　小学館社長室顧問
２００３年～２０１３年まで日本雑誌協会・編集倫理委員会委員長
２０１４年12月　小学館を退職、
出版倫理協議会議長に就任、現在に至る。
◎その他の役職
東京経済大学・コミュニケーション学研究科・非常勤講師

表現の自由と出版規制
―ドキュメント「時の政権と出版メディアの攻防」

２０１５年４月10日　第１版第１刷発行
著　者　山　了吉　

発行所：出版メディアパル

〒272-0812　千葉県市川市若宮 1-1-1
Tel & Fax：047-334-7094
e-mail：shimo@murapal.com
URL：http://www.murapal.com/

カバーデザイン：荒瀬光治　カバーイラスト：毬月絵美
DTP 編集：出版メディアパル＆いえろお・はうす
印刷・製本：平河工業社　　Printed in Japan
ISBN：978-4-902251-28-9